# 플로티노스
## 그리스 철학을 기독교에 전달한 사상가

# 차례
Contents

03 소개의 글  06 그노티 세아우톤 – 시대를 넘어선 물음  11 그의 철학의 출발점  16 '새롭게' 철학하기 : 신플라톤주의의 길  23 존재에 대한 탐구 : '존재론적인 물음'의 의미  32 '하나'에 대한 역사적 회고  35 신플라톤주의의 선구자 플로티노스  52 당시 헬레니즘 후기 시대 사조와 맞서서  64 '정신'과 육체적인 삶  81 연대기 및 작품

# 소개의 글

『논어』(자장子張 제19)에는 공자의 제자(특히 자하子夏)가 전하는 가르침이 있는데, 그 가운데 "박학이독지博學而篤志, 절문이근사切問而近思, 인재기중의仁在其中矣"란 구절이 있다. 이는 모름지기 '학문에서 바람직한 태도(仁)가 무엇인지'에 대한 좋은 답변처럼 여겨진다. 왜냐하면 그것은 '폭넓게 배우더라도 독실한 뜻을 시종일관 유지하고, 최대한 물을 수 있을 때까지 묻더라도 가까이 경험하는 현실(존재)로부터 견주어 생각할 수 있어야 함을 가리키기 때문이다. 이 같은 해석은 일찍이 남명 조식曺植 선생의 가르침과 삶의 초석이 되었다. "요즘 공부하는 자들을 보건대, 손으로 물 뿌리고 비질하는 절도도 모르면서 입으로는 천리를 담론하여, 헛된 이름이나 훔쳐서 남들을 속이려 하고 있습니다."(국역 『남명집』 135) 이는 같은 나이로 익히 명성을 떨친 퇴계 선생과 제자 오건吳健에게 각각 보낸 서한에서도 목격되는, 이른바 "성性과 천도天道에 대한 논의를 하기 전에 쇄소응대灑掃應對의 절도부터 온전히 갖추도록 노력하자"는 소박한 제의와 통한다.1)

우리가 여전히 옛글(古典)을 읽는 것은 시대와 사상의 급속한 변화에도 꾸준히 간직하고 싶은 그 '무엇'을 마음 깊은 곳으로부터 뿌리칠 수 없기 때문일 것이다. 우리가 어찌 되었든 서로 공감하는 무엇을 발견한다면, 그렇듯 공감하게 만드는 그 무엇은 과연 어디서 비롯된 것일까? 어쩌면 원천적일 수 있는 그 '무엇'에 대한 의문은 그것이 동경의 대상이 되거나 희망하는 목표가 되거나 도대체 없는 것(無)으로부터 비롯하지 않는다는 사실만은 분명하게 일깨워준다. 무無는 무無일 뿐이다. 그러나 '없는 것'이 아니라 우리에게 '아직' 알려지지 않았기에, 그저 무라고 불리는 것이라면 그것은 없는 것이 아니다. 플로티노스의 '하나'는 그런 의미에서 존재(有)이자 동시에 무無라고 말해도 지나치지 않을 것이다.

여기 조촐하게 내놓은 플로티노스 소개서에서는 익히 알려진 그의 중심 사상을 최대한 '그의 말(진술)'로 엮어 보았다. 가급적 그의 어투로 새겨듣고자 다른 말(해석)을 미룬 셈이다. 포르피리오스 또한 스승의 전기(Vita Plotini)를 다음과 같이 끝맺는다.

그러면 이제 [내가 기록하고 편집한] 이 모든 작품들을 하나씩 살펴보면서 그 표현들을 점검하고 (중략) 그 밖에 우리가 유념해야 할 점들은 [스승의] 작품이 절로 가르치도록 맡깁시다!

그노티 세아우톤—시대를 넘어선 물음

**너 자신을 알라!**

이 잠언은 우리에게 잘 알려진 것처럼 고대 희랍의 델피(아폴로)신전 입구 현판에 새겨진 경구이다. 그것은 애초에 '인간아! 깨달아라, 너는 신神이 아님을' 혹은 '너는 기껏 사멸할 인간임을 명심하라!'는 뜻이었다. 그와 같은 의미는 또 다른 델피신전의 경구인 '메덴 아간Μηδὲν ἄγαν', 곧 '덤비지 마라!'라고 풀이되는 말과 함께 더욱 강조되었다. 그러나 소크라테스 Socrates(B.C. 469~399) 이래로—그의 제자 플라톤이 되새겨 전해주는 바(Alcibiades I 129a~133c)에 따라—'너 자신을 알라!'라는 충고는 더 이상 그렇듯 겸허해야 할 인간을 각성시키는 자성의 목소리가 아니라, 오히려 '신과 대면하여 그를 알아볼 수 있는 인간의 놀라운 능력'을 회복하라는 고무적인 목소리로 반전反轉 혹은 발전했다.2) 이 같은 의미의 반전은 무엇보다도 플라톤Platon(B.C. 428~347)의 영혼에 대한 남다른 통찰과 확고한 신념에서 비롯한 것이라 볼 수 있다. 플라톤의 그 같은 영혼관靈魂觀은 과연 플로티노스의 영혼 개념의 초석이 될 뿐만 아니라, 이제 한 인간이 어떻게 저 궁극적인 진리(존재원천)에까지 나아갈 수 있는지 해명할 수 있도록 해주는 매우 중요한 열쇠로 작용하게 된다.

플라톤주의적인 영혼에 대한 평가와 가르침은 비록 부분적으로 다 해결되지 않은 문제점(예컨대 고대 신화적인 설명과 연루된 의문점)을 시대마다 – 저마다 한정된 이해 지평의 차원에서 – 계속 남겨 놓았다 하더라도, 오늘날에도 여전히 재고해볼 만한 것으로 느껴진다.

2005년 통계청의 보고에 따라 하루 평균 38명의 자살자를 경험하는 우리의 현실에서 자살현상은 급변하는 사회로부터 낙오 내지 고립되어 버린 현대인의 '우울증'이란 진단만으로 지나쳐 버리기에는 너무 심각한 문제이다. 한 인간으로 하여금 죽음에 이르게 하는 저 무서운 자살 증상의 근본 원인은 무엇일까?

얼마 전 22살의 어느 명문대 여대생이 제 목숨을 끊기 전에 남긴 마지막 말은 "나(我)라는 생물은 무엇일까? (중략) 도대체 나는 왜 살지?"였다. 우리의 기억에서 가물가물해졌을지도 모르지만, 꼭 한 해 전 스스로 목을 맨 15살 소녀가장이 남긴 유서에도 비슷한 내용이 들어 있었다. "나는 우습게도 소녀가장이었고, 아버지도 안 계시는 불쌍한 아이였다. 고등학교 입학금조차 없는 가난한 집의 둘째였다. 이런 나에게 (중략) 미래가 있을까? (중략) 나를 알게 되면 (친구들이) 도망갈지도 모른다는 생각에 나를 숨기고 상품처럼 만들어 버렸지. (중략) 명랑하고 밝고 착한 또 하나의 나를……. (중략) 진실한 나를 알고 있는 사람은 아무도 없다."

몇 해 전 지병으로 작고한 한 시인의 유고집에 「너는 누구인가?」라는 제목의 시가 있다.3)

그녀는 차를 타고 가고 있었다. 그런데 갑자기 뒤에서 큰 화물트럭이 덮치면서 쾅 소리가 났다. 그 순간 그녀는 모든 것이 아득해졌다.

그녀는 누군가로부터 질문을 받았다.
"너는 누구인가"
그녀는 자신의 이름과 주민등록번호 그리고 주소를 댔다.
들려오는 소리가 다시 물었다.
"나는 너희 사회에서의 그런 분류 형식을 묻지 않았다. '너는 누구인가'라고 물었다."
그녀는 대답했다.
"네, 저는 사장의 부인입니다. 남들이 저를 가리켜 사모님이라고 부르기도 합니다."

그러자 들려오는 소리는 말했다.

"나는 누구의 부인이냐고 묻지 않았다. '너는 누구인가'라고 물었다."

그녀는 다시 대답했다.

"네, 저는 1남1녀의 어머니입니다. 딸아이는 특히 피아노에 천재적인 재능이 있습니다. 얼마 전에는 어떤 신문사 주최의 음악 콩쿠르에서 상을 받아 오기도 하였습니다."

그런데도 들려오는 소리는 계속 물었다.

"나는 누구의 어머니냐고 묻지 않았다. '너는 누구인가'라고 물었다."

그녀는 침이 마른 혀로 대답했다.

"저는 교회를 다니고 있습니다. 간혹 불우이웃돕기에도 앞장섰습니다. 저희 교회에 다니는 사람들은 저를 알고 있습니다."

그래도 들려오는 소리의 질문은 그치지 않았다.

"나는 너의 종교를 묻지 않았다. '너는 누구인가'라고 물었다."

  그녀는 응급실에서 깨어나면서 중얼거리고 있었다.
  "내가 누구인지 좀 가르쳐 주세요. 내가 누구인지……."


'자신 없는' 태도가 한 인간의 미래는 물론 지난 과거를 허무하게 만들고 결국 현실마저 송두리째 외면하게 만든다. 그러므로 우리는 부단히 되물어야만 한다. '나 자신은 누구인가?' 나아가 '인생은 정말 살 만한 가치가 있는가?' 이 물음으로부터 우리가 정작 '내 삶'을 위해 더는 부서지지 않을 자신(감)을 회복할 수 있다면!

기원후 2세기 최대 전성기를 맞은 로마제국의 부속 영토로서 아프리카는 최소한 정치적으로 또 경제적으로 풍요롭고 안정된 삶을 누렸다. 이른바 '팍스로마나Pax Romana'로 일컬어지는 황제 안토니누스Pius Antoninus의 재임 기간(138~161)과 그 후계자 아우렐리우스Marcus Aurelius의 재임 기간(161~180)을 거쳐 – 이미 영화「글래디에이터」를 통해 알려진 바와 같이 – 비록 그의 아들 코모도스Commodus(180~192) 황제에 의해 잠시 주춤했지만, 황제 셉티미우스Severus Septimius(193~211)의 계속된 영토(훗날의 콘스탄티노플이 되는 비잔틴 및 스코틀랜드) 확장 정책이 말해주는 것처럼 로마제국은 아직 건재했다.

그러나 물질이 풍요해지면 오히려 인간의 정신은 더욱 빈곤해진다는 역사적 교훈이 이 시기에도 어김없이 적용되는 것 같다. 로마인들의 퇴폐적인 향락 생활에 대한 언급은 미루어두고서라도 당장 이 시기에 제기된 인간 정체성에 대한 화두가 그것을 대변해준다.

> 우리는 무엇이었고 (이제) 무엇이 되어가며, 어디에 붙잡혀 있기에, 어디로 서둘러 나아가야 하며, 언제 구원받고 도대체 우리의 탄생 그리고 재생이란 무엇을 의미하는가?
> –Theodotus 78, 2; 클레멘스Clemens 주교의 「이단반박론」에서

# 그의 철학의 출발점

플로티노스Plotinos(205?~270)[4]는 공교롭게도 플라톤이 스승인 소크라테스를 처음(B.C. 399) 만났다고 술회한 것과 같은 나이인 28세에 이르러 비로소 철학에 눈을 떴다. 그가 느지막이 눈을 뜬 '철학'은 단순히 옛글과 전통적인 가르침의 파편적인 이해나 고립된 지식에 만족하는 배움이 아니라 진정 인간의 삶 전체를 포괄하여 일관되게 반추할 수 있는 온전한 깨달음을 터득하는 일이었다.

하나의 온전한 깨달음(지식)은 분화되더라도 해체되거나 파기되는 일 없이 그 부분을 통해서도 (중략) 전체를 이해할 수 있듯이, 그렇게 사람들은 처음부터 마지막까지 온통 그리고 일관되게 그 본성을 따라 가장 훌륭한 것을 알아볼 수 있도록 또한 자기 자신(영혼)을 여며야 한다.(Enn. III 9, 2, 1~6)[5]

온전한 깨달음과 총체적인 지식을 얻기 위한 그 같은 열의는 일찍이 조선 시대에 퇴계 선생이 연로한 이유로 어린 선조의 사사師事에서 물러나면서 간절한 마음으로 『성학십도聖學十圖』를 헌정하는 중에 고사固辭한 충정을 연상케 한다. 예컨대 『논어』의 한 구절인 '배우긴 하나 생각하지 않으면 어리석어지고, 생각은 하나 배우지 않으면 위태로워진다(學而不思則罔, 思而不學則殆)'를 앞서 진언한 퇴계 선생은 이어서 "바라옵건대 밝으신 임금께서는 (중략) 분발하여 배움과 생각이라는 두 가지 공부에 힘쓰십시오. 그런데 (학문에서) 경敬을 유지하는 것은 동動과 정靜에 다 일관해야 하는 것으로 안과 밖을 합치하고 현顯과 미微를 하나로 하는 방법"[6]이라고 간청한다.

플로티노스가 유년 시절과 청년 시절을 보낸 알렉산드리아는 당시에도 이미 대도시였던 만큼 이름 있는 선생들이 많이 모여들었던 것 같다. 그럼에도 그가 참된 스승을 찾아 배회하며 애썼던 노력에 비해 만족스러운 가르침을 접하지 못했다고 제자인 포르피리오스Porphyrios(233~304)는 전한다. 여기에서 그가 어떠한 배움에 애태워했는지 가늠할 수 있다. 그러다가 마침내 플로티노스는 처음 자신의 지적 궁금증을 채워준 스승인 암모니우스 사카스Ammonius Saccas를 만났다. 이 사람은 아직까지 잘 알려져 있지 않은 인물이다. 사카스란 별명이 '자루(보따리)를 걸머진 사람'이란 의미로 해석되는 것으로 보아 오래전부터 홀로 구도의 길을 걷던 인도의 고행자 가운데 한 사람이었을 것이라고 추정할 뿐이다. 어쩌면 플로티노스의 사상 안에서 인도의 구도적인 태도와 유사한 흔적을 엿볼 수 있기에 그런 추정이 지금까지 계속 유효하게 고려되어 왔는지 모른다.

그러나 플로티노스 스스로가 자신의 참스승으로 지목하고 고백한 인물은 바로 플라톤이다. 스승에 대한 그의 존경심에는 신적인 경외감과 더불어 극진한 예의가 배어 있다. 스승 플라톤의 탄신 축제를 그의 제자들과 함께 지냈을지언정, 자신의 생일은 물론이거니와 사사로운 정보(신분, 출생지, 결혼 및 자녀 등)에 대해 절대 입에 담지 않도록 제자들에게 금했을 정도였으니 말이다. 물론 거기에는 플로티노스의 또 다른 통찰, 곧 인생에 대한 철저한 반성이 깊게 작용한 탓도 크다 하겠다. 예컨대 다음과 같은 일화에는 인생의 육체적인 측면에 대한 그의 절제된 태도가 반영된 것으로 보인다. 그의 제자 아멜리오스Amelios가 화가인 친구의 도움을 받아 스승의 초상을 그려 간직하려고 했지만, 허락받지 못하자 그 화가가 스승의 강의에 여러 번 참석하여 스승의 얼굴을 기억해냄으로써 초상을 그릴 수 있었다는 일화에서 플로티노스의 그와 같은 독특한 인생관을 짐작할 수 있다. 그가 거절한 이유는 인간에게 육체는 '그림자'에 불과하니, 초상이란 기껏 '그림자의 그림자'일

뿐이요, 그만큼 하찮은 것에 마음을 빼앗기지 않음이 지혜롭지 않겠느냐는 것이었다.

칼릴 지브란이 남긴 우화 「사막의 여우」가 떠오른다.

> 사막의 한 작은 동굴에 여우가 살았다. 여우는 아침 해가 솟을 무렵 굴 밖으로 나왔다. 한껏 기지개를 켜면서 길게 드리워진 자신의 그림자를 돌아다보며 혼자 이렇게 중얼거렸다. "오늘 점심으로 낙타 한 마리면 되겠군!" 힘차게 동굴을 나선 여우는 반나절 동안 사막을 누비며 헤맸지만 생쥐 한 마리조차 발견하지 못했다. 한낮이 되어 크게 낙심한 여우는 떨궈진 고개로 어느덧 발아래 잦아든 제 그림자를 문득 바라보고서야 한숨을 토하듯 이렇게 중얼거렸다. "아, 생쥐 한 마리면 족한 걸!"

우리의 포부와 기대에 찬 미래는 무엇을 근거로 설계해야 바람직할까? 그림자는 태양에 의해 좌우되는 만큼 의존적이며 변화무쌍하다. 그림자는 이렇듯 실체가 아니라는 점에서 올바른 척도가 못 된다는 교훈으로 위의 우화를 이해한다면, 플로티노스의 입장과 다르지 않을 것이다. 앞서 그의 초상화와 관련된 일화는 분명 인간의 실체로서 영혼에 대한 플로티노스의 남다른 관심을 시사할 뿐만 아니라 그의 철학을 이해하는 데 매우 중요한 표석標石이 될 것이다. 물론 우리는 그 영향을 누구보다도 플라톤에서 찾을 수 있다. 플라톤의 영혼에 대한 해명은 플로티노스에게 더욱 확장된 차원에서 인간의 자기해명 혹은 진정한 '자신 찾기'의 근간이 된다. 왜냐하면 그는 인간의 영혼은 더 이상 자기 육체뿐만 아니라 경험을 통해 만나는 온갖 물질과 사태에 대해 그때마다 그 의미를 확정하는 "해석자(ἑρμηνευτική, Hermeneutike)"(Enn. IV 3, 11.19)로까지 강조하며 가르치고 있기 때문이다. 그러므로 플로티노스의 이 같은 통찰은 분명 오늘날에도 자신을 잃고 실의에 빠진 인간을 다시 일으켜 세우는 데 진지한 계기를 마련해줄 것이라고 기대해봄직하다.

그러나 여기서 제기되는 또 다른 의문을 가지고 플로티노스의 철학에 접근할 수도 있을 것이다. 예컨대 플로티노스에게서도 결국 플라톤의 경우처럼 '육체'는 "영혼의 굴레" 혹은 "무덤"(Phaidon, 62b)이라고 단정해도 좋을까?[7] 그래서 만일 그렇듯 부정적이고 배타적인 의미에서의 '육체'를 기억해야 한다면, 과연 육체와 영혼으로 존재하는 인간의 하나-됨(統一性)은 무슨 의미를 띨 것이며, 나아가 도대체 그의 중심 개념인 '하나'는 어떤 적극적인 의미를 갖는다고 할 수 있을까? 이 같은 포스트모더니즘의 비판적인 시각을 염두에 두면서 플로티노스의 철학을 재고해보는 일도 의미가 있을 것 같다. 그렇지만 이런 의문을 가진 사람은 이 작은 책을 넘어서 플로티노스의 작품을 직접 읽어가며 통해 계속 질문을 던질 수 있어야 옳을 것이다.

# 새롭게 철학하기 : 신플라톤주의의 길

우리는 이미 오래전부터 플로티노스를 신新플라톤주의자(Neo-platonism)의 창시자로 알고 있으며, 그 같은 간단한 설명을 거의 모든 철학사 소개서나 철학 사전에서 어렵지 않게 확인할 수 있다.8) 그러나 어떤 의미에서 그와 같은 평가가 그에게 합당한가 하는 물음에 대해서는 침묵하거나 대개 추측과 짐작으로 대신한다. 그는 정말 '새롭게' 철학하는 태도에 대해 말한 적이 있을까?

그렇다! 우리는 그 같은 사실을 그의 여러 작품들 안에서 어렵지 않게 확인할 수 있다. 한 예로 그의 제자 포르피리오스가 대신 편집한 스승의 작품집 『엔네아데Enneade』(서로 어울리는 주제에 따라 논문 9편씩 1권으로 묶어서 54편의 논문을 모두

6권으로 편집했는데, '9개의 묶음(ἐννεὰς)'이란 그리스어 명칭이 지금까지 플로티노스의 고유한 작품을 가리키는 이름으로 활용되어 오고 있다) 마지막 묶음(輯)의 마지막 논문(券)9)인 Enn. VI 9에서 볼 수 있다.

(우리의 영혼이) 자기 바깥의 그 어떤 대상에만 몰두하는 까닭에, 그만 '하나'를 바라보지 못할 뿐이다. 바로 여기에 '하나'에 대한 철학하기가 (새롭게) 요구된다.(3,13 이하)10)

'하나(ἕν, Hen)' 개념에 대한 남다른 관심이 플로티노스 고유의 중심 사상을 대변한다는 연구가들의 일반적인 평가가 위의 간단한 발췌문 안에서도 잘 나타나 있다.

그런데 이 '하나' 개념은 우리가 알고 있는 (1)일련의 숫자로서의 '하나' 혹은 '1'이 아니고, (2)경험적인 것 가운데 그 어떤 불특정한 것(부정어否定語의 활용처럼)을 가리키는 것도 아니다. 다시 말해 앞서 생각한 것들은 이른바 그 무엇과 상대적이거나 배타적인 입장의 단독자單獨者라는 점에서 플로티노스가 의도한 '하나'가 아니다. 오히려 그것은 (3)'있음'에 있어서 첫 번째(τὸ πρῶτον)이며, (4)그 자체로 부족함이 없는 '온전한 실체(ὑπόστασις)'라는 점에서 나아가 (5)결코 시간으로 인해 분리되거나 해체되지 않는 단일한 존재로서 '영원한 생명체(ἀεὶ ζωόν)'라는 의미를 갖는다. 그러나 '하나'는 앞선 (1)과 (2)의 의미 역시 포괄한다. 그렇지 않다면 '하나'는 다시 자신으로부터 배제된 어떤 것을 외부에 두어야 하는 만큼 온전하지도 않을 것이며, 예외 없이 모든 것의 존재원리로 삼기 어려울 것이기 때문이다.

결국 '하나'에 대한 올바른 이해는 파편적으로 혹은 배타적으로 고려하는 사유의 지평에서 벗어나야 한다. 그것은 모름지기 우리가 '시공간을 통한 경험'으로 확보한 지식 및 범주를 넘어서야 함을 가리킨다. 그런 의미에서 '하나'는 그런 지식 및 범주 '너머에(ἐκεῖ)'[11] 있다.

그러나 이때 '하나'가 이른바 사유 범주 '너머에 있다'는 사실이 그럼에도 불구하고 아무도 더 이상 '하나'에 대해 사유할 수 없음을 뜻하지는 않는다는 점에서 일련의 역설을 발견하게 된다. 하지만 이는 노자의 『도덕경』 제1장 첫 구절을 곱씹어 생각한다면, 이해할 수 없는 역설로만 간주되지는 않는다. 예컨대 '도가도道可道 비상도非常道'를 '도를 도라 할 수 있으나 그렇게 일컫는 도는 (아직) 영원한 도(常道)가 아니다'라고 해석해낼 수 있다면 말이다. 상도常道는 불변하는 것인 만큼 변화무쌍한 세상의 그 어느 것과 같을 수 없다(先天地先而不謂久 長於上古而不謂老). 그럼에도 다른 한편 이 세상의 그 어느 것 하나도 常道에서 벗어나지 않는다(無乎逃物). 결국 '강아지풀에도 도가 있다'는 장자의 해석은 상도常道가 이 세상에 존재하는 그 무엇은 아니지만, 아무튼 세상에 존재하는 것들과 더불어 사유할 수 있도록 이끈다.

여기 플로티노스의 '하나' 역시 도대체 '없는 것'이 아니라

'있는 것'이라는 점에서 사유와 연결될 수 있다. 다만 아직 '하나'를 사유를 통해 송두리째 파악할 수 없다는 점에서 '초월성'은 유효하다. 더욱이 사유와 연계되어 있다는 점에서 우리의 의식에 '뒤따르는 어떤 것'처럼 – 나중에 고려된 어떤 것처럼 – 여겨지더라도, 실상 '하나'는 오히려 그런 사유에 '앞서' 있다. 그런 의미에서 '하나'는 '첫 번째'인 셈이다. 무언가 생각하거나 말하기에 앞서 가장 먼저 전제해야 할 자립체로서 '있기는 하지만 아직 무엇인지 알 수 없는', 이른바 범상치 않은 저 '하나'를 향해 우리의 관심을 제고提高하도록 이끈다.

여기서 최소한 우리가 플로티노스의 의도 아래 '하나'에 대해 얼른 알아들을 수 있는 점이란 '하나'는 더 이상 아예 '없는 것(無)'도 아니며, 더더욱 '다수多數'일 수는 없다는 사실이다. 왜냐하면 '하나'는 반드시 존재와 관련해서 말해야 하며, 동시에 '다양하게 존재하는 이 세상의 뭇 존재들'과는 '다르다'고 말해야 되기 때문이다.[12] 그리하여 플로티노스는 파격적인 사고방식을 따라 '저편에 자리하는' '하나'에 접근하는 길에 대해 다음과 같이 설명하고 있다.

> 만일 사람들이 저 헤아리기 힘든 본성의 정체('하나')를 송두리째 알아내려 한다면, 참으로 어리석은 일이라 하겠다. 누군가 이를 원한다 할 때, 실제로는 최소한 그 본성의 아주 작은 흔적만을 따라 생각할 수 있기에 말이다. 아니 더욱이 그 정신적인 본성을 관조하려 한다면, 저 감각적인 것 너

머에 자리하고 있는 그것을 위해서는 궁극적으로 감각적인 것들에 관한 상상력이 더 이상 필요하지 않다는 점에서 그러하다. 결국 저 정신적인 것(들)을 헤아리기 위해서는 우리 자신의 모든 정신적인 요소마저 정화해야 한다. 저편의 세계가 버젓이 자리한다는 사실을 물론 우리 자신의 정신을 따라 이해하게 되는데, 이때 (우리의) 정신은 그 어떤 분류를 따라 파악하는 것이 사실이다. 그것도 정신이 정화된 상태에서 말이다. 여기서 '어떤 분류'라고 하는 사고방식은 실제적으로 아무런 의미를 띠지 못한다고 보는데, 왜냐하면 거기[저편의 세계]에서는 이 세상에서 흔히 말하는 '어떤 존재자'로서 말할 만한 입장이 아니기 때문이다. 오히려 이러한 사고방식은 우리가 우리의 탄생에 대해서 실상 무지한 까닭에 형용할 수 없는 그것에다 우리가 편리한 대로 '이름'을 부과하여 표지하는 것에 지나지 않는 경우와 흡사하다 하겠다. 이에 준하여 붙인 '하나'라는 이름은 최소한 의도했던 바대로 '다수'에 반하는, 그 어떤 배제(ἄρσις)로서의 의미를 띤다고 하겠다.(Enn. V 5, 6.11~26)

그렇다면 플로티노스의 '하나'가 우리의 언표 형식상 '편리한 대로 덧붙여진 이름'에 지나지 않는다는 점에서 우선 소극적인 의미로서 '다수가 아니다'라고 말하더라도, 결코 다수와 상대적인 의미로 왜곡해서는 안 되며, 더더욱 '하나'가 마치 다수를 포괄하지 못하듯 배타적인 원리로 전락시켜 이해해서도 안 된다.

오히려 도대체 '있는 것(ὄν)' 모두(一切)를 하나도 남김없이 포괄하여 제시할 수 있는 차원에서 "하나(ἕν)"라고 말해야 한다. 물론 이와 같이 '있는 것'과 '하나'를 동일하게 바라보았던 시도가 이미 예전부터 있었으니(예컨대 파르메니데스Parmenides에게서-뒤의 29쪽 이하 참조), 플로티노스의 그 같은 제의가 전연 엉뚱하거나 낯선 것은 아니다.

다시 간략히 요약하자면, 플로티노스의 '하나' 개념은 일차적으로 '존재하는 어떤 것'이긴 하지만, 아직 우리에게 온전히 밝혀지지 않는 실체로서의 의미를 띤다.[13] 나아가 그 개념은 (존재에서 말하거나 생각하게 될 경우 가장 앞서 고려되어야 할) 첫 번째(τὸ πρῶτον)로서 그 다음에 이어 말하거나 생각할 수 있는 모든 다양한 것들의 존재론적이며 인식론적인 기초(근거)가 된다. 존재론적이고 인식론적 기초로서 '하나'는 그 이후 벌어지는 모든 것들의 있음과 앎에 대해 전체적으로 조망할 수 있음을 함의한다. 저편의 세계에는 이 세상에서 반드시 겪게 되는 시간적인 전과 후(혹은 과거와 미래)나 공간적인 의미에서의 위와 아래(혹은 좌우)가 의미가 없다. 오히려 거기에는 '영원한 현재 및 한 자리'가 어울린다. 그래서 '하나는 "시간과 함께 사라져 버리지 않는 (무한한) 힘"(Enn. III 7, 2.32f.)을 지닌다. 그리하여 플로티노스는 "저편에는 그렇듯 모든 것이 실현 가능할 뿐만 아니라 실현 자체로 자리한다"(Enn. II 5, 3.19)[14]고 확신한다.

플로티노스는 세상의 그 어느 것도 '하나'를 온전히 대신할 수 없다는 점에서 '세계 초월적'임과 동시에 세상의 그 모든 존재하는 것들과 **빠짐없이** 관계를 맺고 작용한다는 점에서 '세계 내재적'이라고 풀어 말하면서 '하나'를 존재원리로 삼았다. 그의 이러한 통찰은 결과적으로 그가 왜 그토록 '하나'를 향해 혼신을 다해 스스로 정진하면서 온통 그것만을 집중해서 가르쳤는지에 대한 의문을 어느 정도 해소해줄 것이다.

# 존재에 대한 탐구 : '존재론적'인 물음의 의미

이른바 '존재(ὄν)에 관하여 묻는 학문(λόγος)'으로서 존재론(Ontology)이 오늘날 활기를 되찾게 된 것은 누구보다 하이데거M. Heidegger(1889~1976)의 공로가 크다고 말할 수 있다.

존재물음의 목표로서 겨냥하는 것은, 존재자를 이러저러하게 '존재하는 것'으로서 탐구함으로써 그때마다 언제나 이미 어떤 존재이해 속에서 움직이고 있는 과학들의 가능성의 아 프리오리a priori(선험적인)한 조건만이 아니라, 존재적 과학들에 앞서서 이 과학들의 기초가 되는 존재론 자체의 가능성의 조건이기도 하다.(SZ. 11)

난해하게 보이는 그의 문체에 비해 "존재의미에 대한 물음"은 그리 복잡한 물음이 아니다. "우리는 있는 것(존재자)에 대해서는 너무나 잘 알고 있다. 책상, 시계, 집, 거리, 하느님, 예술…… 이 모든 것들은 다 있는 것들이니, 이 세상에 있는 것은 모두 개별적인 존재자이기 때문이다. 그것들은 '있기' 때문에 있는 것들이다. '있는 것'과 그것들의 '있음'은 엄연히 다르다. 그런데 그것들의 있음(Sein, 존재)이란 무엇인가 하고 물으면 대답할 말이 없다. 모르기 때문이다. 이와 같이 우리는 개별적인 것들에 대해서는 잘 알고 있다. 더러 모르는 것이 있어도 그것들에 대해서는 개별 과학이 가르쳐주고 있다. 그러나 어떤 과학도 '있음' '있다'에 대해서는 일러주지 않는다. 지금 우리는 그것을 알려고 하는 것이다. 그런 학문 분야를 존재론이라고 한다. 존재론은 개별적인 것들에 대한 박학강기博學強記가 아니다. 오히려 가장 단순한 것을 그 정점에서 사유하는 학문이다."15)

너무 단순한 나머지 우리가 그만 쉽게 잊은 '존재에 관한 물음'은 하이데거가 역시 지적하듯, 일찍부터 '고대 그리스의 가장 큰 학문적 주제'였다. 플로티노스 역시 그와 같은 물음을 따라 앎(지식)을 추구했다는 점에서 전통적인 노선에서 벗어나지 않았다.16) 곧 우리가 무언가를 알고 싶어 한다면, 그 열망은 존재의 본질과 근원에 대한 탐구로 이어져야 한다는 그의 시각은 그렇듯 전통적인 관점에 기초한다.

우리가 (중략) 알려고 하는 한, 존재의 본질(ἡ τῆς οὐσίας φύσις)을 그 연구의 출발점으로 삼아야 한다. (중략) 반면에 나머지 다른 자연적인 현상들에 대한 다양한 생각에 마음을 빼앗겨서는 안 된다. 오히려 그 어디서나 '무엇인가가 존재한다는 사실'이 바람직한 출발점이요, (중략) 그렇듯 '무엇인가가 존재한다'는 사실 안에서 나머지 것들을 되새겨야만 한다.(Enn. VI 5, 2.19~28)

그렇듯 '무엇인가가 도대체 존재한다는 사실(τὸ τί δὲ ἐστιν)'로부터 시작하는 연구 태도는 플라톤이 숙고한 전형적인 소크라스테스적 질문 형식이다. 플라톤이 소개하는 소크라테스는 매번 알고자 하는 그것의 존재(근간)에 깊숙이 파고든다.[17] 마치 '전기뱀장어'처럼 전율을 느끼게끔 집요하게 다그치는 소크라테스의 물음 앞에서 이미 알고 있다고 여겼던 많은 대담자들이 고개를 떨군다. 최소한 문제 삼을 만큼 자신들이 알고 있다고 자부한 그것에 대해 실상 아는 것이 없음을 실토하게 된 것이다. 피상적인 인식을 본질적인 앎으로 착각했음을 마침내 자각한 셈이다.

그리하여 소크라테스가 돌이켜 세운 저 물음의 출발점, 곧 무엇인가가 존재한다는 사실로부터 근본적으로 – 바람직하게 – 사유하는 태도란 그저 다양하게 관찰되는 현상들에 마음을 빼앗기는 것이 아니라, 오히려 그 너머에서 그렇듯 다양한 현상들의 근간이 되는 본질(quidditas)에 대하여 묻는 것을 가리킨다.

"나무의 원천은 그 자체 안에 머물러 있고 그 전체성을 잃지 않는 가운데" 계속 성장한다고 볼 수 있는데, 이는 "그 원천이 나무 자체의 뿌리에 붙박여 있기 때문이다."(Enn. III 8, 10.10~12) 눈앞에 현란하게 펼쳐져 있는 나무, 곧 수시로 변화무쌍하게 그 모습을 바꾸는 나무를 제대로 이해하려면 더 철저히 '바라보라'고 플로티노스는 충고한다. 그는 이때 인간의 주관적인 혹은 임의로운 상상력에 의존하지 않는 의미에서 이른바 – 능동형이 아니라 – 수동형 동사 '(바라)보게 되다(θεάσασθαι)'를 자주 활용한다.

> 만일 비물질적인 무엇(=정신적인 것들)을 생각하게 된다면, 마땅히 그들의 존재가 거기(저편의 세계)에 근거함을 알아**보게 될** 것이다. 그 순수한 정신으로 우리의 눈을 돌려 **바라보자!** 그리고 일체의 육체적인 눈을 감아 보라! 그러면 너는 **보게 될** 것이다. '존재의 발상지(οὐσίας ἑστία)'를! 또한 그 안에 꺼지지 않는 불빛을! 너는 그것이 어떻게 구성되어 있고, 어떻게 드러나는지 또 어떻게 생명에 머무르는지를! 마치 미래를 내다볼 필요 없이 오로지 지금만을, 더욱이 항상 지금뿐이요, 항상 현재만을 지향하는 그 어떤 생각처럼 [항상] 머물러 있는 그것을 **보게 될** 것이다.(Enn. VI 2, 8a.4~10)

그것은 관찰자의 주관으로 그 대상을 규정하는 그런 차원의 관찰이 아니다. 그래서 그것을 플로티노스는 "소리 없는 관찰(θεωρία ἄψοφος: soundless Theory)"이라고도 부른다.(Enn. III 8, 4.27) 그런 점에서 플로티노스의 이성 혹은 '정신' 개념은 무엇보다도 근대의 합리론이 말하는 주체이성 혹은 자율이성이 아니다. 다시 말해 플로티노스는 인간의 주관 및 주체성에 의해 좌우되는 판단을 넘어서 관조적으로 혹은 직관의 방식으로 변화무쌍한 관찰 대상의 허상 이면에 변함없이 자리 잡고 있는 '존재의 본질 및 그 구조'와 대면할 것을 권하고 있다. 그와 같은 대면은 그럼에도 다시금 인간 영혼의 내면에서 이루어진다고 확신한다. 그것은 플로티노스가 이해한 영혼에는 분명 근대 이후 포기한, 이른바 '신적인 것과 세속적인 것' 사이 혹은 '정신과 물질' 사이의 연결 고리를 목격할 수 있기 때문이다.(이 점은 뒤에 그의 '영혼' 개념 안에서 다시 살펴보기로 하자.)

존재의 본질에 대한 탐구는 동서고금을 막론하고 유사하게 고려되었던 것 같다. '본本'이라는 한자 역시 나무의 뿌리를 동반한 골격(뼈대)을 강조하여 형상화한 것이라고 이해한다면 말이다. 한때 울창함을 누리다 그 푸르름이 바래면 마침내 낙엽이 되고 마는 변화무쌍한 나무의 외관에 한눈 팔 일이 아니다. 나무의 정체(근본)는 보이는 것 너머 깊은 곳(뿌리)에 변함없이 자리하고 있기 때문이다. 그래서 잘라 낸 나무 등걸에서도 그것이 살아 있는 한 어김없이 올라오는 새싹은 그 나무가 어떤 나무인지(정체)를 스스로 보여준다. 그렇듯 감각 너머에 감추어져 있는 실체를 알아내기 위한 플로티노스의 인식 행위는 감각적인 존재에서 정신적인 실체로 혹은 외적인 현상에서 내적인 본질로 꾸준히 나아가되, 그 최종 목표(순수한 '하나'에 대한 깨달음)에 이르기까지 나아가야 한다.

> 모든 자연은 자기 내면에 질서를 무시하지 않고 표출하며 또 자기 자신을 전개하는 능력을 지닌다. 그런 점에서 자연은 '갈라지지 않은 원천'이라는 하나의 씨앗으로부터 감각적으로 표출되는 그 마지막 종착점까지 꾸준히 발걸음을 내딛는다. 이때 자연은 앞서 내딛은 발걸음을 그의 고유한 행동반경에서 벗어나지 않도록 유의하며 또한 뒤이어 내딛는 발걸음 역시 말없이 그런 힘, 곧 그의 완전한 목표를 언제나 의식하며 주저 없이 내면의 원천으로 파고드는 그런 힘에 따라 차근차근 옮긴다. 그리하여 마침내 그 존재의 전체성全體性을 실현할 때까지 말이다. (중략) 왜냐하면 저마다 존재하는 것이 그의 본질적인 수용 능력에 따라 선善의 본성에 참여하는 것을 도대체 그 어떤 것도 방해할 수 없었기 때문이다.(Enn. IV 8, 6.8~17)

존재하는 모든 것은 본래 선善의 본성에 참여함으로써 존재의 완성을 추구한다는 원칙은 고대로부터 물려받은 유산이면서 동시에 플로티노스에게는 '하나'의 거대한 작용원리(causa efficiens)이다. 플로티노스가 '하나'에까지 최대한 뻗어 나가야 할 인식 과정을 이야기하고 있을 때 위의 인용구에서 볼 수 있듯이, 그는 분명 '씨앗'에 관한 함축적인 의미를 수용하고 있다. 그러나 스토아 학파가 '로고스Logos의 씨앗'이란 은유적 표현을 통해 강조하듯 모조리, 예컨대 영혼조차 물질적으로 해소시키는 세계관(유물론적 체계)에 대해서는 분명히 플로티노스는 거부한다. 그래서 그는 "이 세상 만물 안에 감추어진 비밀은 씨앗과 같은 형상들의 작용에(만) 있지 않고, 차라리 그에 앞서 존재하여 그 씨앗에게 놀라운 힘을 부여한 어떤 존재원천存在源泉(οὐσίας ἑστία)에 놓여 있다. 왜냐하면 씨앗과 같은 형상들에게서는 그 형상들을 넘어서 존재하는 것들의 실재實在 모습이 결코 밝혀지지는 않기 때문이다"(Enn. IV 4, 39.5~9) 하고 힘주어 말한다. 경험적인 물질이 정신과 무관하지 않지만, 또한 고스란히 그런 물질과 동일시할 수 없는 정신의 의미를 간과하지 말라고 경고한 셈이다.

그러므로 시공간의 질서를 따라 전개되는 이 세상의 물질적인 존재를 단지 경험적으로 비교하고 상대적으로 분별해내는 태도를 뛰어넘어서 정작 근본적으로 알고자 한다면, 결코 "시간 안에서가 아니라 (오히려 영원성에 입각한) 참됨 안에"(Enn. V 5, 12.38) 변함없이 자리하는 실재와 대면할 수 있는 인식 방법을 취해야 한다. 그리하여 플로티노스는 감각 경험에서 관념적인 사유활동으로, 다시 관념적인 사유활동의 정화를 거쳐 마침내 정신세계의 중심에 자리하고 있는 '하나로 나아가는 인식의 확장(단계)에 대해서 잊지 않고 가르친다. 그것은 선의 본성에 참여하는 모든 존재의 본래적인 활동과도 직결되기에 존재실현과 맞닿아 있다. "인식하는 자가 깊이 알면 알수록, (중략) 그만큼 점점 더 풍부하게 인식하게 되는 그것('하나')과 일체가 될 것이다."(Enn. III 8, 6.15~17) 본래 의미에서 "이론(Theory-어원적으로 '바라봄' 혹은 '통찰'에서 비롯된 개념으로서의 이론理論)"은 결국 바라보고자 혹은 통찰하고자 하는 대상의 "실제적인 능력(Practice)"과 혼연일체가 됨으로써 그 진가를 발휘한다. 진정 안다는 것은 행동하는 것이요, 산 지식은 삶을 변화시킨다고 말하는 이유를 모든 스승은 알고 있다.

플로티노스는 이 같은 깨달음(인식)의 경지에 대해 고대의 신비주의적인 의식에서 활용되던 언어를 빌려 쓰고 있다. 예컨대 "제대로 바라본 자는 그것을 득得한다"(Enn. VI 9, 9.47f.)고 함으로써 원천경험이 일련의 충만한 경험이라고 말하고 있으며, 이러한 경험이 이미 모든 인간(영혼)에게 허용되어 있다고 말한다. 그것은 곧 시공간적으로 변화무쌍하게 나타나는 현상들이 오로지 그들의 존재원천에 의해 그리고 원천의 내적인 '충일함(풍요로움)'으로부터 넘쳐난(유출된) 만큼, 그 존재(성)를 통해서 원천의 흔적을 보여준다는 사실과 통한다. 이렇듯 이론(Theory)에 대한 플로티노스의 신념은 우리가 볼 때 아리스토텔레스에게서 많은 영향을 받은 것 같다. 왜냐하면 아리스토텔레스에게서 "가장 완전한 기쁨은 성숙한 통찰(Theory)

에 기초하기" 때문이요(니코마코스 윤리학 X 8, 1078b.7f.), 결국 Theory란 그에게서 "가장 흡족하고 최선의 것"을 함의하기 때문이다.(형이상학 XII 7, 1072b.24)

그러므로 플로티노스가 보이는 것(감각적인 것)과 보이지 않는 것(초감각적인 것)을 구별하면서 동시에 전자를 단서로 후자를 근원적으로 파악하려고 시도했다고 한다면, 앞질러 히르쉬베르거J. Hirschberger가 내린 평가는 플로티노스 철학의 윤곽을 더듬어 나가는 데 분명 도움을 줄 것이다.

> 플로티노스의 철학은 두 가지 사상운동의 산물이다. 한편으로는 존재가 초감각적인 분야와 감각적인 분야로 나눠지며, 다른 편에서는 일련의 중간 단계를 통해서 초감각적인 것으로부터 감각적인 것을 이끌어내려고 애씀으로써, 이 두 가지 사이의 틈바구니를 메우려는 시도가 행해진다. 그래서 이원론과 일원론이 변증법적인 긴장 관계에 있으며, 이런 긴장 관계가 우리들을 일원론이나 이원론 중의 어느 한쪽에만 치우치게 하지 않고, '있다고 하는 진술(Ist-Aussage)과, 따라서 존재에 관해서 하는 말이 융통성 있게 해주며, '하나'에 관해서 말할 수 있음과 동시에 많은 것에 관해서도 말할 수 있게 해준다.[18]

# '하나' 개념에 대한 역사적 회고

'하나'에 대한 "철학하기(φιλοσοφήσειν)"가 순수 플로티노스 고유의 학구적인 관심사라고 잘라 말하기 전에 좀 더 살펴보아야 할 것들이 있다. 왜냐하면 철학사에 대해 조금이라도 관심이 있는 사람이라면 누구나 '하나' 개념이 플로티노스가 태어나기 훨씬 이전 약 기원전 6세기(말)에 활동한 것으로 추정되는 파르메니데스에게서 유래했다는 것을 잘 알기 때문이다. 현재까지 남아 있는 파르메니데스의 몇 편의 조각글(단편)들 안에서도 우리는 '하나' 개념에 대한 파르메니데스의 남다른 입장을 엿볼 수 있다.

그러나 도대체 '있다'는 사실에 접근하는 아직 한 가지 유일한 설명이 남아 있는데, 한편 이에 대한 아주 많은 표현들이 있으니, 결코 생겨나지 않은 그것은 또한 사라지지 않으며, 전체이자 유일한 것으로서, 미동조차 하지 않으며 끝이 없다. 또한 언젠가 있었다거나 있을 것도 아니니, 이는 매번 전체로서 '있기' 때문이다. '하나'이자 함께하는 것으로서 [이를] 도대체 너는 그 어떤 원천으로 따져 볼 것인가? 도대체 어디서 자랐다고 볼 것인가? 나는 네가 '있지 않은 것으로부터'라고 대답하고 생각하는 것을 용납하지 않을 것이니, 그것은 앞서 '있지 않음'이란 도무지 언표할 수도 말할 수도 없기 때문이다.(단편 M 11 / DK 8 [일부])

파르메니데스 역시 — 우리가 최소한 위의 단편을 통해서 이해한다 하더라도 — 절대적인 존재원천으로 전제할 수밖에 없다고 이해한 변함없는 의미의 '있음(τὸ εἶναι)'을 '하나'로 간주했다는 것을 알 수 있다. 그리하여 그는 계속해서 같은 단편에서 "그 '있음'은 시작도 끝도 없으니, 그것은 생겨남도 사라짐도 멀리하니, 항상 그 자체로 머물러 있으며, 조금도 동요치 않고, 마치 한 장소, 한 자리에 붙박여 있듯 머물러 있다"(단편 M 11 / DK 8 [일부])고 설명한다. 이 같은 통찰은 다시금 고대의 철학적 사유 및 개념들을 종합했던 플라톤에게서 부각된다. 플라톤은 이 고대 사상가의 이름을 앞세운 자신의 작품 『파르메니데스 편(164b-c)』을 통해 '도대체 다수에 앞서 '하나'가 원천적으로 존재해야 한다는 견해를 논리적으로 밝히고자 애쓴다. 더 나아가 플라톤은 이 우주 만물의 '시간적인 있음' 혹은 '되어감'에 관해 해명하려고 할 때에도 이를—존재론적으로—해명하기 위해 그에 앞서 고려해야 할 모범인模範因(paradigma)으로서 '하나' 개념을 활용하고 있다. 예컨대 세상의 원형(모범)은 "하나로 머물러 있다(μένειν ἐν ἑνί)." 그것을 우리는 '영원(αἰών)' 혹은 '영원한 존재(ἀεὶ ὄν)'라고 풀어 말한다.(Timaios 37d) 그리하여 그 이후 '있음' '하나' '영원'은 서로 동등한 의미로 그리고 서로의 이해를 돕는 개념으로 차츰 활용되었다.

플로티노스 역시 그와 같은 '하나'의 유래(파르메니데스로부터 플라톤)에 대해 시인하고 있다(Enn. V 1, 8.23~9.32)는 점에서 그의 철학적 사유의 '새로움'을 말하기에는 아직 섣부른 감이 있다. 그러나 파르메니데스의 파편적인 관점을 넘어 플라톤의 훨씬 확장된 관점을 좇아 플로티노스가 '하나'를 생각하게 되었다는 점에서 파르메니데스의 그것과 비교하여 최소한 발전된 입장 혹은 새로움을 추구했음은 분명하다. 이 같이 간단한 평가가 물론 의미 없는 것은 아니다. 그렇듯 플라톤적인 관점을 따라서 '하나'를 이해하고 세상 만물을 그로부터 파악하고 또 설명하고자 했다는 사실만으로도 우리는 일단 플로티노스가 충실한 플라톤주의자의 한 사람이라는 단서 하나를 분명하게 확보한 셈이기 말이다. 실상 플로티노스 자신도 평생 플라톤의 사상을 변절 없이 알아듣기 위해 노심초사했다고 하니, 우리가 플로티노스를 이해하기 위해 그가 플라톤주의자라는 사실에서 출발해도 크게 빗나간 것은 아닐 것이다.

# 신플라톤주의의 선구자 플로티노스

그럼에도 우리가 플로티노스를 신플라톤주의자라고 부를 때, 단지 그가 플라톤의 사상을 고스란히 이해하고 변절하지 않고 전해주려고 애썼다는 사실만으로 만족할 수는 없다. 최소한 아래의 세 가지 물음을 던져 본 뒤에 그 호칭을 생각해 보아야 할 것 같다. 예컨대 첫째, 역사적으로 신플라톤주의에 앞서 중기 플라톤주의는 어떤 성격의 철학 사조였는가, 특히 뒤이어 새롭게 일어난 신플라톤주의와 비교해서 어떤 점이 색달랐는가를 알아보는 일이요, 둘째는 플로티노스와 그 이후 확장된 의미에서의 신플라톤주의의 사조와 또 다른 구별점으로 여겨지는 종교적인 성향에 관한 물음이다. 곧 플로티노스는 당시 종교들(그리스도교 및 그 밖의 다른 신비종교, 예컨대 마니교(manichaeism) 및 영지주의靈知主義 등)과 어떤 유대를 맺고 있었는가, 나아가 그의 종교적 차원의 진술은 어떻게 해석해야 하는가 등의 물음을 살펴보아야 할 것이다. 그리고 마지막으로 플로티노스가 당시 시대적인 흐름에서 굳이 '하나'에 대해 철학하기를 새롭게 강조해야만 했던 동기가 무엇인지 살펴보고, 그 '새로움'의 의미를 곱씹어 보아야 한다.

## 중기 플라톤주의와의 차별성

중기 플라톤주의(Middleplatonism)는 흔히 기원전 25년 무렵에 사망한 알렉산드리아 출신의 에우도로스Eudoros에서 출발하여 유대의 유일신 사상을 그리스 철학 특히 플라톤 철학과 결합한 사람으로 유명한 필론Philon(B.C. 25~A.D. 50)과 그리스 영웅 전기 작가로 잘 알려진 플루타르코스Plutarchos(45~125)를 거쳐 알비노스Albinos 및 마다우라 출신의 아플레이우스Apleius 그리고 누메니오스Numenios에게로 이어진다.[19] 중기 플라톤주의는 바로 앞 시대에 만연했던 회의주의Scepticism(특히 기원전 4세기의 인물 퓌론Pyrrhon에게서 유래되었다 하여 퓌로니즘Pyrrhonism이라고도 부르는데, 이 사조의 특징은 섹스투스 엠피리쿠스Sextus Empiricus의 『회의주의의 개요(PH)』를 통해서 현재까지 전해져 온다) 및 절충주의(Eclecticism)를 거치면서 어느덧 플라톤 철학과 아리스토텔레스 철학을 결합했고, 비록 오늘날의 이해 지평으로는 여전히 서툴게 여겨지지만 '하나' 개념에 대한 체계적인 해명을 위해 나름대로 노력했다. 그것은 그동안 축적된 철학적인 개념과 이해의 원칙들을 종합하여 하나의 질서를 따라 우주 만물을 파악하려던 시도로 여겨진다. 특히 플라톤의 우주론과 이데아론에서 비롯하는 신학적인 관점을 아리스토텔레스의 형이상학, 곧 "부동不動의 운동자運動者(πρῶτον κινοῦν ἀκίνητον: 형이상학 XII 6, 1071b4; XII 7, 1072a25)" 혹은 "정신의 정신(νόησις νοησέως: 형이상학 XII 9, 1074b.33f.)"으로서의 신과 결합해 이해하려는 시도가 주류를 이룬다. 이 같은 풍조에는 플라톤의 변증법적 탐구 방식(대화술)이 큰 영향을 주었을 것이다. 다시 말해 플라톤에게서 발견되는 비의적秘儀的인 가르침에 아리스토텔레스의 더욱 세련된 분석-논리적인 통찰이 종합적으로 수용된 인상을 준다는 것이다.

한편 신플라톤주의는 그 이름에서 알 수 있듯이 플라톤주의적인 노선에서 벗어나지 않는다. 그런 점에서 우주 만물을 포괄적으로 이해하고자 노력했던 중기 플라톤주의와 크게 다르지 않다. 다만 그렇게 모든 것을 체계적으로 이해하려는 중에 점차 불거져 나오는 물음들, 예컨대 "세상의 형성 과정에서 이데아의 역할" 혹은 '하나'로부터 유래하는 다수 혹은 다양한 존재의 생성 형식"에 관한 물음에 초점을 맞춘다.[20] 그런 까닭에 유출流出(Emanation) 개념이 이른바 플로티노스 특유의 주제로 평가되어 온 것이다. 그 대표적인 사례를 아래의 Enn. V 4에서 간단히 확인할 수 있다.

그러므로 최초의 것(존재)은 (가장) 순수한 것으로서 (다른) 모든 것들에 앞서 있는 것인 만큼, 그 이후에 존재하는 모든 것들과 다르며 그 자체로 있기에, 그로부터 비롯되는 그 어떤 것과도 섞이지 않고 존재하지만, 그런 모든 것들과 함께 존재하는 데 있어 남다른 방식으로 역량을 발휘한다. 그런 한에서 그것은 참된 의미에서 '하나'로 존재하며 결코 그 어떤 것도 앞세울 수 없으니, 그에 관하여 마치 다른 어떤 것('하나'라는 개념)을 앞세워 언표하듯 '그것은 하나다' 하고 말한다면 잘못이다. 왜냐하면 그것에 합당한 개념도 지식도 있지 않으니, 차라리 (우리가 경험하는) **존재의 저편에** 있다고 말해야 옳기 때문이다.(1.5~10)

다시 한번 플로티노스의 관심사가 어디에 있으며, 관심의 대상에 대한 그의 조심스러운 접근이 어떻게 진행될지 단적으로 암시해주는 대목이다. '하나'에 관해 플로티노스는 일관된 태도로 진술하고 있다. 다시 말하지만, 그가 이해하는 '하나'는 분명 우리의 경험 범주(Category) 너머에 있음을 전제해야 한다. 그래서 플로티노스가 영원한 존재, 선善, 신적인 존재를 가리켜 "저편의 세계"라고 일컬을 때, 그것은 이 세상에서 경험할 수 있는 모든 존재 및 그와 관련된 범주 너머의 초월적인 존재라고 말하고 싶어 한다. 저편의 세계는 더 이상 세상의 존재-범주로 말할 수 없기에, 차라리 서투른 표현이지만 비-존재 非-存在(μὴ ὄν) 혹은 "존재의 저편(ἐπέκεινα οὐσίας)"이라 말할 수 있다는 것이다.(Enn. VI 9, 11.38~42 참고) 이 같은 태도는 분명 '하나'에 대한 전통적인 입장과 크게 다르지 않다.

> '하나'는 (뭇) 존재가 아니며, 정신 또한 아니다. 그러면 '하나'란 무엇일까? 그러나 쉽게 말할 수 없는 것이 놀라운 일은 아니다. 왜냐하면 그것은 우리의 영혼 자체로는 온통 '포착해낼 수 없는 그런 것(ἀνείδεον)'에 대해 언급하는 것을 의미하기 때문이다.(Enn. VI 9)

## 플로티노스와 종교: '하나'에 관한 신화적 진술의 의미

그렇다면 여기에 한 가지 커다란 의문이 제기된다. 예컨대 우리(영혼)의 인식 능력을 따라서는 더 이상 '하나'에 접근하는 일이 불가능하다고 말해야 하는 것일까? 이 같은 의혹은 모름지기 그리스도교와 같은 계시啓示 종교 및 신비神秘 종교와 유사한 혹은 친숙한 구조를 따라 신플라톤주의가 점차 종교적인 경향을 띠고 발전하게 되었던 중요한 동기를 제공했을 것이다. 그럼에도 플로티노스에게서는 당시 잘 알려진 그리스도교와의 친분과 상호 교류에 관한 흔적을 발견할 수 없다. 고르디아누스 황제Gordianus III의 명을 좇아 페르시아 종교에 더욱 관심을 가진21) 탓 때문일까? 설령 그렇다고 해도 그리스도교와의 적대적인 입장 또한 플로티노스에게서는 발견되지 않는다. 신플라톤주의가 그리스도교에 대해 취하는 반감 내지 적대적인 태도는 플로티노스 사후에나 발견된다. 당장 그의 제자 포르피리오스에게서 그런 적대적인 입장이 공공연하게 드러나고, 얌블리코스Jamblikos에게서 발전하면서, 마침내 프로클로스Proklos에게까지 이른다. 그러나 신플라톤주의자들이 모두 그리스도교와 적대 관계였던 것은 아니다. 적대적인 태도를 보였던 이들은 아테네 학파였고, 그와는 달리 알렉산드리아 학파는 오히려 선린 관계를 유지했다.22) 더욱이 비록 프로클로스에게서 수학했지만, 그리스도교에 그의 사상(특히 '부정신학否定神學')을 전해준 신비신학자로 알려진 위僞-디오니시오스(Pseudo-Dionysios)에 의하여 다시금 신플라톤주의의 사상은 그리스도교 내에 적지 않은 영향을 미쳤고, 그 이후 중세 교회의 철학 및 신학과 아주 가까운 관계를 유지하게 된다. 이런 관계는 훨씬 뒤, 즉 중세를 마감하고 동시에 스콜라 철학을 마감하는 시기에 이르러, 예컨대 니콜라우스 쿠사누스Nikolaus Cusanus(1401~1464)에게서 그리고 르네상스 시대에도,23) 예를 들어 피치노Marsilio Ficino(1433~1499) 및 피코Giovanni Pico della Mirandola(1463~1494)에게서도 뚜렷이 엿볼 수 있을 만큼 꾸준히 지속된다.

다른 한편 그리스도교 내(서방로마교회)의 중심 인물들, 특히 아우구스티누스Augustinus와 같은 교부敎父들에게서 신플라톤주의의 사상은 플라톤 사상과 함께 일찍부터 교회 내에 큰 반향을 불러일으킨 중요한 사상으로 지목되어 왔다.24)

신플라톤주의와 관련하여 이 같이 종교적인 흔적을 더듬어 보는 일은 플로티노스 연구와 무관하지 않다. 만일 플로티노스가 그리스도교와 관계없이 자신의 사상을 구축했다고 한다면, 분명 이른바 초월적인 혹은 초범주적인 '하나'에 접근하는 길을 나름대로 착안했다고 보아야 할 것이기 때문이다. 이에 플로티노스 사상에 관한 초창기의 연구가들은 당시에 널리 전파된 뭇 종교와의 관련성 속에서 문제를 해결하고자 시도했다. 다시 말해 그리스도교와의 유대는 아니더라도, 그리스의 고대 신비종교적인 혹은 비의적인 관점에서 플로티노스의 입장을 이해하려고 노력했다. 한마디로 여전히 종교적인 입장에서 플로티노스를 이해하고자 했던 시도였다. 예컨대 일찍이 하이네만Fritz Heinemann은 플로티노스의 '자아인식'에 관해 살펴본 다음 그에 대해 이렇게 술회한 적이 있다. "결코 논리적이지 못하고 일종의 종교적이며, 그래서 인간의 자아를 결국 신에게 맡기는 제례적인 색채가 짙다. 그의 깨달음에 관한 가르침은 그러므로 종교철학에 준하며, 바로 그런 점에서 인식이란 자리에 오히려 (종교적인 의미에서의) 탈아적인 관조가 나타난다."[25]

1908년 일찌감치 플로티노스와 단테Dante를 유사한 진술형식에 따라 비교 연구했던 화이트비Charles J. Whitby도 전반적으로는 플로티노스의 사상을 철학적-문학적인 관점에서 접근할 수 있는 길을 조심스럽게 모색했지만, 플로티노스의 궁극적인 목표인 신비스런 합일에 관해서 만큼은 신화적인 진술로부터 신비종교적 해석을 뿌리치지 못하고 있음을 보여준다.

플로티노스가 설명하는 영적인 상승(영혼의 상승)의 단계들은 다음과 같이 다소 독단적인 것으로 보이지만, 의미 없는 구별은 아닌 것 같다. (1)순수화 작업 혹은 조악한 육체적인 욕구와 탐욕의 억제 및 통제, (2)영혼을 가꾸는 덕스러운 생활-이는 단순히 악을 (소극적으로) 회피하는 것이 아니라, 착한 시민으로서 요구되는 행동을 (적극적으로) 수행하는 것을 가리킨다. (3)추상적인 사유로의 전환 및 관상, (4)정신세계로의 몰입 혹은 정신세계와의 자유로운 소통에 이르도록 노력, (5)탈혼(황홀경)의 경지, 곧 신과의 향연-이는 절대적인 믿음과 순수한 열정으로 나아가는 삶으로서 '순정의 신 히포크레네Hippocrene'의 딸들인 뮤즈Musee의 도움으로 영감을 받아 누리는 삶이요, 지고한 경지에 도달한 신비스런 합일을 가리킨다.(참고 Enn. VI 7, 36[장])[26]

물론 아직도 이 같은 신비주의적인 입장에서 접근하는 것이 아무런 근거나 의미가 없는 것은 아니다. 그것은 플로티노스 자신의 작품 안에서 때때로 난해하게 여겨지는 신화적인 진술들을 목격하게 될 때마다 신화적 설명 방식에 익숙하지 못한 현대의 우리로서 기댈 만한 해석이라고 여겨지기 때문이다. 그러나 그것은 여전히 우리가 풀어야 할 과제로 받아들이는 것이 옳을 것 같다. 왜냐하면 신화 혹은 신화적인 설명은 이미 플로티노스 자신에게도 간단히 밝혀지지 않는 실재(혹은 참된 사실)를 이해할 수 있게끔 과도기적으로 선택한 설명 형식의 하나로 간주되기 때문이다.

신화, 그것을 우리가 어떻든 경험하면서도 '무엇'으로 정의할 수 없다 하더라도, 최소한 그것이 다루고 있는 바처럼 이미 그 안에 자리한다고 여기는 일정한 질서와 힘을 따라 우리가 시간으로 분해하여 많은 사물들을 서로에게서 분리한 것을 (다시금) 모두 (재)결합하여 이해하려는 진술 양식이다. 이는 일반 학문이 마치 '생겨나지 않은 것'을 생겨난 것처럼 다루고, '항상 결합되어 있는 것'을 분리해 이해하는 것에 대비된다. 그러므로 신화가 우리에게 전하는 뜻은, 그 상징(암시)하는 바를 이해하는 사람에게 신화는 분리된 것들을 다시 하나로 엮어서 이해할 수 있게끔 도와준다는 사실이다.(Enn. III 5, 9.24~29)

그러므로 그와 같은 신화적인 혹은 신비적인 탈아적 합일에 관한 진술을 근거로 플로티노스의 사상을 종교화하거나 밀의적인 차원으로 따돌려 버림으로써 좀 더 숙고할 만한 사실들에 대하여 간단히 외면해 버리는 것은 지나친 태도이다. 더욱이 특기할 만한 사실 가운데 하나는 플로티노스 자신의 작품 안에서든 그의 제자들의 입장을 통해서든 그가 그 어떤 새로운 종교를 내세우거나 내심 계획한 적이 없다는 것이다. 플로티노스만이 주장하고 싶은 뚜렷한 신상神像이 종교적인 차원에서 묘사되거나 혹은 다른 종교와의 구별된 입장에서 진술되거나[27] 최소한 하나의 고유한 종교로서 갖추었음직한 그 어떤 계율(규칙)조차도 그에게서 이렇다 할 만큼 형식화된 모습으로 소개된 경우를 발견할 수 없다. 더욱이 당시 마니교든 영지주의든 이분법적인 세계관(예컨대 선과 악의 대립)을 따라 인생을 가늠하던 신비주의 종교의 기본교리는 플로티노스와 결코 어울리지 않는다. 그렇다면 비록 플로티노스가 종교적-신비적인 관점에서의 합일을 한편 부인하지 않았을지언정, 다른 한편 그의 작품을 통해 또 다른 길을 - 이 길을 필자가 이미 시도하려고 하듯 아마도 존재론적인 탐구 형식이라 부를 수 있다면[28], 그 길을 - 그가 모색하고 있음에 대해서 선입견 없이 살펴보는 일이 더 바람직할 것 같다. 따라서 크레머Klaus Kremer의 말은 의미심장한 것으로 여겨진다. "플로티노스의 신비신학과 관련해 오해가 난무하다. 그러한 오해는 일찍이 사람들이 플로티노스를 그때마다 (너무 쉽게) 반복적으로 신비주의자로 낙인찍는 데서 비롯한다. 그래서 일찍이 플로티노스를 연구했던 타일러Theiler는 플로티노스에 대한 그의 깊은 지식을 토대로 독자적으로 올바른 비판을 시도하였으니, 곧 '사람들이 플로티노스의 신비신학이라고 일컫는 것 자체는 실상 가장 높은 차원에서의 논리적인 사유활동마저 중지할 것을 가리킬 뿐'이라고 말했다."[29]

### '하나'를 향한 "또 다른 길"로서 철학하기

이미 플로티노스는 Enn. VI 9에서 초범주적인 '하나'에 대해 인간이 취할 수 있는 태도란 무한한 능력의 '하나'에 의해 오롯이 내맡기는 (종교적-신비적인) 방법만이 아니라, 인간의 편에서 '하나'에 접근할 수 있는 "또 다른 길이 있다"고 진술한다. 이는 우리의 경험-범주 너머에 있는 '하나'에 다가갈 수 있는 가능성이 인간의 제한된 능력에도 불구하고 – 계시종교적인 차원과는 다르게 – 열려 있다는 뜻으로 새겨볼 만하다.

> 우리 영혼(ψύχη)이 자기 내면을 따라 그 하나만을 바라보려고 한다면 (중략) '하나의' 영혼으로 존재하듯, [우리] 영혼이 저 '하나' 곁에 존재하기(τῷ συνεῖναι καὶ ἓν οὖσα) 때문에30), '하나'를 만날 수 있고 또 '하나'와 하나 될 수 있다.(Enn. Ⅵ 2.45~3.11)

만일 위의 진술을 차분히 음미하면서 자기반성을 특징으로 삼는 우리의 사유활동31), 여기 플로티노스에게서 그런 사유활동은 이미 플라톤과 아리스토텔레스의 전통에 따라 인간의 영혼 안에서 벌어진다. 인간의 영혼 안에서 벌어지는 사유활동은 그렇듯 일차적으로 인간의 몸(corpus) 및 물질(materia)과 결부된 경험적 삶에 관한 통찰로서 이해될 수 있다는 점에서 저편의 세계에서의 순수 정신(신적인 정신)의 통찰과 엄연히 구별된다. 우리는 이 구별점에 대해서는 뒤에서 더 자세히 생각해볼 것이다. 우선 여기서는 위의 진술에서 "하나의 영혼"이라는 존재양식(사실)이 '하나'에 다가서는 단서가 된다는 점을 곱씹어 보고자 한다.

(1) "하나로 존재한다"는 존재양식(존재사실)의 의미

첫째로 플로티노스는 그렇게 개별성(혹은 온전한 개체성)과 관련된 이 세상에서의 존재양식을 그때마다 존재원리로서의 '하나'를 우선적으로 살필 만한 단서로 삼는다.

> 존재하는 모든 것은 '하나'를 통해서 존재하는데, 그 '하나'는 원천적이며 본래적으로 하나로 존재하되 편리한 의미로 (이 세상에) 존재하는 것들과 비교하여 그에 앞서 존재한다고 말할 뿐이다. 만일 '하나'가 존재하지 않는다면, 과연 무엇이 존재할 수 있을까? (중략) 저 '하나'를 갖지 못한다면, 하나의 집도 하나의 배도 존재할 수 없다. 왜냐하면 집도 배도 하나로 존재하기 때문이니, 만일 그런 하나-됨이 사라진다면, 집도 더 이상 집으로 존재하지 않을 것이요, 배도 더 이상 배로 존재할 수 없기 때문이다. 그러므로 만일 '하나'가 그들(존재하는 것들) 곁에 함께 존재하지 않는다면, 그와 같이 응집된 하나-됨의 크기는 더 이상 존재하지 않을 것이다.(Enn. VI 9, 1.1~10)

다시 플로티노스 곁에서 '하나'에 대해 통찰할 경우, 비록 우리의 편의에 따라 우리가 인식하는 '하나'라는 숫자처럼 부르되, 언제나 이 세상에서 경험하는 수많은 존재하는 것들과 구별된 – 곧 존재론적으로 차별화된 – 초범주적인 존재라는 사실을 주지해야 한다. 그럼에도 '하나'가 존재하는 모든 것들

의 실재實在 원리라고 한다면, 분명 존재하는 것들 사이에서 그 해명의 실마리를 구체적으로 발견할 수 있어야 한다. 존재원리로부터 뭇 존재가 구체화된다면, 존재원리와 구체적인 존재 사이의 유사성에 관한 분석(analogia)은 존재론적인 해명의 중심이 된다.32) 이는 플라톤이 이 세상을 이해했던 관점과 통한다. 예를 들어 (신神의) 정신세계(이데아계)를 본보기(paradigma)로 삼아 데미우르고스Demiuourgos가 이 세상을 창조했다고 내다본 플라톤은 저 정신세계와의 "같음과 다름 그리고 존재라는 세 가지 요소로 뒤섞여 마침내 유비적으로(ἀνὰ λόγου) 나눠지고 또 결합되어"(Timaios 37a) 이 세상이 질서정연하게 존재한다고 이해한다. 플로티노스 역시 플라톤과 같이 저편의 세계와 이 세상 사이의 유사성을 고려하듯, '하나'로 존재할 수밖에 없는 이 세상의 예외 없는 존재양식을 좇아 만물에 개입하는 존재원리로서의 '하나'를 해명한다. 곧 모든 존재하는 것들은 저마다 '하나의' 온전한 개체로 존재한다. 불완전한 개체는 이 세상에서 아직 실제 존재한다고 말하기 어렵다. 마치 우리가 '작은 물방울'조차 그 하나-됨을 전제하지 않는다면, 그에 대해 말하거나 생각하는 일이 공허할 수 있듯이 '온전한 개체성 혹은 개별성'은 존재에 관해 진지하게 말하거나 생각할 수 있는 기본 형식으로 받아들여진다. 이때 한편 양적인 의미에서의 '크기'는 의미가 없다. 곧 물리적으로 얼마나 크거나 혹은 작아야 하는지는 온전한 개체성을 논하는 데 꼭 필요한 조건이 못 된다. 존재의 하나-됨에 대한 이해는 그러므로 놀

랍게도 물리적인 크기에 앞서 요구된다. 그런 점에서 플로티노스의 '하나'에 대한 철학하기는 '존재론적'이다. 이는 뒤에서 다시 보게 될 헬레니즘 시대의 여러 사조와 대조되는 '새로운' 시도이다. 나아가 '개념'에 대한 중세 유명론적唯名論的인 입장과도 구별된다. 플로티노스는 '하나'에 대한 철학하기를 위해 무엇보다도 감각과 직결된 태도, 예컨대 크기, 형태, 양과 직결된 사고방식에서 벗어날 것을 요구한다.[33]

> 존재하는 것의 존재(본질)는 그러므로 어느 만큼이라는 양적인 것에 따라 이해되지 않고, 오히려 양적인 것에 앞서서 이해된다. 존재 그 자체는 양적인 것에 무관한 것처럼, 그 어떤 양적인 것에 좌우되지 않으니, (인위적인) 나뉨으로 인해 단연 분절되지 않는 그것은 (외적으로) 아무런 영향을 받지 않고 그 자체의 삶과 본질 안에서 꾸준할 수 있다.(Enn. III 7, 6.49~53)

왜냐하면 그러한 양적인 변화와 성장이란 사실상 양적인 것 자체 안에 어떤 척도(변화와 성장의 기준)가 자리하지 않기 때문이다. 그런 까닭에 산이 작게도 표현되고, 좁쌀이 크게도 표현될 수 있다.(Enn. VI 3, 11.14f. 참고) 플로티노스는 그래서 그와 같은 모든 '양적인 (외적인) 표현'을 다시 그 내면적인 근거인 존재의 본질에 기초하여 다시 (고쳐) 이해하기를 희망한다. 본질은 그렇듯 '양적인 것에 비해 앞서' 있으며, 그것은 차라리 일종의 점과 같이 그 어떤 연장延長 없이 존재한다.

> 양적인 것은 그 밖의 다른 것들처럼 첫째가는 범주(예컨대 '존재, 운동과 정지, 동일함과 상이함')에 속하지 않는다. 왜냐하면 첫째가는 범주에 속하는 것들은 (모두) '존재' 곁에 한결같이 포착되기 때문이다. 그러므로 '운동'은 살아 있는 현실성을 가리키는 한, '존재' 곁에 있고, '정지'(혹은 안정)는 이미 그러한 존재의 본성 안에 자리 잡고 있다. (중략) 그러나 수數와 같은 양적인 것은 저 앞선 (첫째가는) 범주에 그저 뒤따르는 무엇에 지나지 않는다. (중략) 그러한 양적인 수란 물론 그래서 그 첫째가는 범주와 동등하게 생각할 수 없다. (중략) '크기'라고 하는 것 역시 (중략) 뒤늦게 또 복합적인 맥락에서 고려된다.(Enn. VI 2, 13.2~11)

이 같은 존재론적인 입장은 그의 여러 작품 안에서 그때마다 그리고 한결같이 유지된다. 그래서 그렇게 요구된 전제를 비록 그가 재론하지 않더라도 언제든 그의 진술과 표현된 용어를 해석하고 이해하려고 할 때마다 잊지 말아야 할 것이다.

(2) 인간의 영혼

둘째로 플로티노스는 '인간의 영혼'에 초점을 맞추고 있다. 영혼에 대한 고대 전통적인 이해는 '생명'과 연계되어 있으며, 그것은 물리적인 현상 및 물질적인 것들의 활동적인 주체 혹은 능동적인 실체(οὐσία)로서의 의미를 띠는데, 이는 플로티노스에게서도 예외가 아니다.

> 영혼은 (모든 물리적인) 움직임의 시원(ἀρχὴ κινήσεως)이요, 그로부터 다른 모든 움직임이 가능하다. 영혼은 그렇게 스스로 움직이는 무엇이다. 영혼은 그로써 함께하는 육체에 무엇보다도 '생명'을 부여한다. 그 생명은 영혼 스스로 취하는 것이요, 따라서 결코 (외적인 강요로) 상실하지 않는다. 왜냐하면 그것은 영혼이 그 자체로 길러내는 것이기 때문이다.(Enn. IV 7, 9.7~10)

인간 영혼에 대한 플로티노스의 이해는 고대 전통과 마찬가지로 육체와 다르다는 점에서부터 출발한다. 먼저 "우리의 감각적인 행위를 통해서도 관찰할 수 있듯이, 인간의 육체는 분해되고 소멸되며 나아가 산산이 흩어져 버릴 수 있다."(Enn. IV 1.10b~12) 그러나 영혼은 육체가 지니는 공간적 연장성(extension)과 무관하다. 그것은 무한히 쪼개질 수 있다는 점에서 그 자체의 고유성을 궁극적으로 보장받지 못하는 물질 혹은 육체와 영혼이 다르다는 점을 시사한다.(Enn. IV 1.10a) 나아가 "만일 영혼에 의해 온전한 통일성(개체성)을 유지하지 못한다면"(Enn. IV 1.14 또한 참고 Enn. VI 1, 26.17~35), 물질의 해체 혹은 붕괴는 자연히 벌어지고 만다. 인간의 육체가 그러하다면, (육체와 영혼이 함께 존재하는) 인간에게 무엇이 "주된 것(κυριώτατον)"이며, "본래적인 자아(자신)"인지 아주 분명할 것이다. 그로써 플로티노스는 마치 조각품을 훨씬 능가하는 예술가의 우월성을 말하듯이 육체에 대해 영혼의 우월성을 생각해야 한다고 힘주어 말한다.(Enn. IV 1.23~25)

"만일 존재하는 모든 것이 오로지 물질적으로만 이루어졌었다면, 모든 것은 벌써 다 사라지고 말았을 것이다."(Enn. IV 3.20 이하) 돌려 말하자면 "만일 영혼과 같은 존재가 앞서 존재할 수 없었다면, 육체란 도저히 존재하지 못했을 것이다."(Enn. IV 3.19) 이는 곧 "영혼이 전체적인 것들(우주 만물) 안에서 함께 고려되지 않는다면, 이 세상의 모든 것들은 결코 존재하지 못했을 것이요, 나아가 그 어떤 질서 안에서 설명될 수 있는 가능성은 (하나도) 남지 않을 것"(Enn. IV 3.35 이하)임을 뜻한다. 그렇게 플로티노스에게 인간의 영혼과 육체의 구별은 전통적인 가르침을 뒤따르면서 당시 (헬레니즘 후기) 시대적으로 새롭게 부딪히는 문제점들에 대해 논리적인 해명을 요구했고, 그가 나름대로 납득할 만한 해답을 찾아 부심하고 있음을 볼 수 있다.

# 당시 헬레니즘 후기 시대사조와 맞서서

## 헬레니즘 후기의 세계관

플로티노스가 활동할 당시의 사조로서 우리에게 잘 알려져 있고 또 손꼽을 만한 것은 '스토아Stoa 학파' '에피쿠로스Epicures 학파' 그리고 '회의주의(Pyrrhonism) 학파'이다. 헬레니즘 시대를 대표하는 이들 세 학파가 공통으로 추구하는 궁극적인 목표는 구체적이고 개별적으로 누릴 수 있는 인간의 행복(Eudaimonia)이었다. 과연 인간은 행복을 실현할 수 있을까? 이 행복을 실현할 수 있는 가능성에 대한 물음에 대해 세 학파는 우선 궁극적으로 같은 답을 한다. 곧 가능하다고 주장한다. 그러나 만일 가능하다면, 인간이 자신의 행복을 얻기 위해서는 무엇이 최선일까 하고 계속 물었을 때는, 서로 다른 견해를 피력하고 있음을 발견하게 된다. 스토아 학파는 '이성(Nus, Logos 혹은 φρόνησις)'을 통해서, 에피쿠로스 학파는 '감정(Pathos 혹은 Aisthesis)'을 통해서 그리고 회의주의 학파는 – 간단히 앞선 두 학파가 상대 학파를 향해 전개하는 반론을 수용한다면 그 당연한 귀결로 여길 수 있는 바와 같이 인간에게서 더 이상 기대할 수 있는 실현 능력이 없으니, 차라리 – '우연(τύχη)'을 통해서 행복을 성취할 수 있다고 내다보면서 제각기 입장을 견지했다.

이들 세 학파가 윤리적인 측면에서 저마다 '행복'에 대한 입장을 밝힌 이면에는 그들만의 독특한 세계관이 자리하는데, 아이러니하게도 세 학파 모두 공통된 세계관을 발견할 수 있다. 다시 말해 세 학파 모두 데모크리토스Demokritos의 원자론적인 존재 구조와 체계에 기초하여 세상을 이해하려고 했던 것 같다. 원자론적인 세계관을 따라서 스토아 학파는 이 세상이 그토록 철저하게 짜여져 있는 만큼 논리정연하게 움직이며, 그런 까닭에 무엇보다 이성을 통해 분명하게 파악할 수 있다고 주장할 수 있었다면, 에피쿠로스 학파 역시 감각적인 경험의 대상이 되는 외부 세계가 그만큼 견고하게 돌아가고 있으니, 외부 세계를 직접 접하는(지각하는) 감각은 누구에게나 신뢰할 만한 것이라고 주장할 수 있었다. 물론 회의주의 학파의 세계관은 분명하게 전해지지 않았다. 그럼에도 그들은 어쩌면 이 세상이 합목적적으로 움직인다고 보았던 것 같다. 왜냐하면 첫째로 그들도 – 비록 인간에게서는 그 타당한 방법을 찾을 수 없다는 회의로 가득했을지라도 – 여전히 '행복'의 실현 가능성을 긍정적으로 받아들였기 때문이다. 그것은 곧 그들도 '추구할 만한 최고의 선으로서 행복'을 꾸준히 예상했다는 것과 그와 동시에 '언젠가 모든 사물들의 객관적인 가치가 밝혀질 것'이라는 믿음이 있었음을 짐작하게 해주기 때문이다.34) 결국 회의주의 학파는 세계 자체의 객관적인 진리 혹은 긍정적인 가치에 대해서 의심했던 것이 아니라, 세상에 대한 인간의 자발적인 판단 능력이 불확실해서 더 이상 미덥지 않다는 입장을 취한 셈이다.35)

그도 그럴 것이 '회의' 개념이 본래 윤리적-실천적인 관점에서의 불확실성보다는 오히려 인식론적인 관점에서의 불확실성을 함의하기 때문이다. 그러므로 절대적인 입장에서의 회의주의는 아니었다. 만일 그러하다면, 그것은 그 자체로도 성립할 수 없는 자기모순에 부딪힌다. 다시 말해서 원칙론적인 무지를 절대화하는 주장으로서 저들의 '회의주의적 태도'를 이해할 수는 없다는 것이다. 저들의 '회의'는 오로지 상대적으로만 유효할 뿐이요, 각 개인이 "저마다 대면하는 지금이라는 시점에서 진리를 더 이상 알 수 없다"고 주장했던 것으로 이해할 수 있다. 따라서 그들에게는 "판단중지(ἐποχή)"가 인간으로서 취할 수 있는 최대의 미덕이 된다.36) 이는 당시 회의주의자들이 참됨(진리)에 대한 판단 기준을 "현상現象"이라고 말하고, "그 현상 곁에서 생각하는 바를 의미 있게 서술할 수 있다"(PH I 22)는 점에서 '철저히 수동적인 태도(泰然自若)가 진리를 보증한다는 생각이 깊숙이 감추어져 있다고 볼 수 있다. 그리하여 인간에게 남아 있는 유일한 바람직한 행동은 "더 이상 주장하지 않는 것"(PH I 192)이다. 그러나 그것은 행복을 향한 열정을 포기하는 것이 아니다. 오히려 그것은 그 밖에 다른 방도가 현재 남아 있지 않다는 생각에서 그런 것뿐이다. 그로써 아타락시아가 다만 "우연하게" 찾아온다는 점을 무엇보다 앞세워 중요시한 격이다.

### 인간관: 운명과 자유

이와 같은 후기 헬레니즘의 공통적인 세계관 아래서 문제될 수 있는 것은 인간에 대한 이해이다. 물론 인간이 '육체와 영혼으로 존재한다'는 전통적인 입장에 대해서만큼은 그 누구도 의심하지 않았다. 다만 궁극적으로 영혼을 무엇으로 여기느냐 하는 문제만 남는데, 후기 헬레니즘 시대의 많은 학파들은 인간의 영혼을 물질적인 (원자론적) 구조를 빌어서 함께 이해하려고 했던 점에서 결국 육체의 일종으로 이해했다.[37] 이 점에서 플로티노스는 헬레니즘 시대에 널리 퍼져 있는 그런 사조와 맞서 싸워야 했다. 우리는 그와 관련된 플로티노스의 입장을 Enn. III 1 안에서 어렵지 않게 읽을 수 있다. 이 작품은 인간의 운명(εἱμαρμένη)과 그 앞에서의 자유, 곧 '우리에게 달린 것(τὸ ἐφ' ἡμῖν)' 혹은 '우리에게 고유한 것(ἡμέτερον)'에 대한 해석을 놓고 플로티노스는 헬레니즘의 다른 학파들과 뚜렷하게 다른 입장을 표명한다.

Enn. III 1에서 1~7장까지 당시 헬레니즘 시대에 널리 퍼져 있던 '운명' 이해(네 가지)와 마주하여 조목조목 비판하고 있는데, 그것은 우리가 우리의 삶에 대해 이야기할 때 반드시 짚어 보아야 할 문제를 부각하는 예비 작업인 셈이다. 다시 말해 플로티노스는 그로써 우리가 살아가는데 "우리의 고유한 행위" 혹은 "우리에게 달린 것"이 정작 남아 있다고 할 수 있는지 자문하게끔 한다. 플로티노스는 이에 '인간 각자의 행위 및 삶에 대해 가치를 두고자 한다. 그것은 인간의 영혼에 대해 끊임없이 관심을 집중하고 가르치던 — 이 책의 첫 장에서 보았듯이 — 소크라테스와 플라톤의 전통을 따른 것이라 해도 과언이 아니다. 그리하여 플로티노스의 모든 작품들에서 언급하고 있는 것이 바로 '영혼'이다. 예를 들어 플로티노스의 작품 가운데 상대적으로 아주 짧은 작품인 Enn. V 2 안에서도 어김없이 '영혼'이 소개된다.[38]

> '하나'는 모두이지 결코 단독자가 아니다. 왜냐하면 모든 것들에게 원천으로서 '하나'가 저마다(따로따로) 존재하는 것이 아니라, 오히려 모든 것이 저 '하나'에서 나왔기 때문이다. (중략) '낳음'이 원천을 밝혀주는데, 그 까닭은 저 '하나'가 완전히 성숙한 상태에 있고 (곧 아무것도 요구하거나 필요로 하지 않으며, 없음을 가지지 않기 때문에), 그로써

'차고 넘치며', 그러한 '풍요로움'이 다른 존재자를 내놓기 때문이다. 나온 것들은 저 '하나'에게 소급되며 그에 힘입어 결실을 맺을 수 있다. 그들이 '하나'에서 나온 만큼 '하나'를 '되돌아보는 일'은 당연하다. 그런 행위를 정신의 활동이라고 칭한다. 원천인 '하나'를 '향해 서도록' 정신은 존재를 이끈다. 곧 '하나'를 바라보도록 하는 것이 정신이다. 이렇게 정신이 '하나'를 보려고 그를 향해 돌아서도록 이끌기 때문에, 정신과 그 존재는 일체가 된다. 정신은 '하나'의 모상模像이기 때문에, '하나'와 동일한 행동을 한다. 그로써 또한 정신은 제 능력을 완성할 수 있다. 이는 그가 곧 '하나'의 '복사물'이기 때문이요, 그것(복사물)은 닮은 능력의 완성이 가능함을 시사한다. (중략) 영혼은 일찍이 정신으로부터 '형성되었다.' 한편 정신은 '하나'를 바라보며 그 안에 머무르면서 (안정적으로) 창조한다. 영혼은 그러나 (정신과는 달리) 머무름 없이 창조한다. 곧 (불안정적으로) 거들먹거리면서 제 형상을 따라 창조한다. 영혼이 그가 태어난 출처로 눈을 돌려 올라가는 한, 영혼은 정신을 만나 그와 더불어 완성될 수 있다. 그러나 만일 계속 (정신과는) 다른 것에 사로잡힌다면, 그래서 제 방향을 잃는다면, 영혼은 (동물에게서와 같은) 각혼覺魂 혹은 식물에게서와 같은 식혼植魂(혹은 성장혼)을 제 형상을 따라 창조한다. (중략) 그런 식으로 영혼이 존재하는 한, 창조는 계속된다.(1.1~2.30)

"우리의 '영혼'은 마치 이 (시간적인) 세상과 저 (영원한) 세상을 넘나들며 살아가는 양생자兩生者(ἀμφίβιος)"(Enn. IV 8, 4.31f.)와 같다는 점에서 플로티노스에게 영혼은 인간으로 하여금 영원한 세계에 들어설 수 있게 하는 혹은 참된 삶을 실현할 수 있게끔 하는 유일한 발판이다. 그러므로 그의 꾸준한 독려는 영혼에 대한 각성에 집중되어 있다. 다시 Enn. III 1에서와 같이 영혼은 육체와는 달리 "처음부터 (세상에) 작용하는 원인"(8.8)으로서 "세상 바깥에 존재했다"(8.10)고 반복해서 설명한다. 그것은 영혼이 세상을 창조하되, 세상 너머에 그 근원을 두고 있다는 점을, 곧 영혼의 뿌리가 저 "영원(ὁ αἰών)"에 박혀 있음을 가리킨다. 이는 영혼을 가진 인간 저마다의 행위가 물질 혹은 육체의 측면에서 영향을 주는 원인들에 '종속하지 않는다'는 가르침의 근거가 된다. 그리하여 플로티노스는 이미 그 뿌리가 그러하듯 "본성적으로 선한 영혼"이기에, 그런 "육체적인 여건을 변화시키기에 앞서 영혼 스스로 변화하는"(Enn. III 18.19ff.) 일이, 곧 영혼의 정화가 우선적으로 요구된다는 가르침에 힘을 실을 수 있었다.

세상에 존재하는 인간은 이제 한편으론 "영혼의 의지"를 따라, 다른 한편으론 "물질적인 원인들"을 – Enn. III 1, 9.1에서는 이를 '영혼'의 입장에서 우연적인 것(조건)들이라고 말한다 – 따라 살아간다고 플로티노스는 풀이한다. 이 두 가지 작용은 다시 "영혼으로 말미암아(곧 정신적으로)", 그리고 "천체 운행으로 말미암은" 원인으로(곧 물질적으로) 구분된다.(10.2f.) 그러나 이때 우리가 자발적으로(ἑκούσιος) 활동(πρᾶξις)한다함은 '수동적으로 겪는 것'이 아닌, "영혼의 활동"에 근거한다는 것을 잊지 않고 강조한다.(10.6ff.) 그래서 "영혼이 언제든지 해맑고 무감정적인 정신을 붙들며 그 고유성(τὸ οἰκεῖον)을 잃지 않은 채 의욕을 가진다면", 우리는 "우리의 결정에 따른 우리의 행위"에 대해 서슴없이 말할 수 있다고 힘주어 말한다.(9.9~12)[39] 한편 우리가 '수동적으로 겪게 되는 원인들'을 생각하면, 그것을 두고 운명이라고 말할 수 있을지도 모른다.(10.8~10) 이는 플로티노스의 운명 개념에 대한 나름대로의 진지한 해석으로 여겨진다. 그러한 운명적인 주어짐 혹은 다가옴은 우리의 능력으로 막을 수 있거나 피할 수 있는 어떤 것이 아니다. 그러나 그것은 우리의 삶에서 정작 중요한 것으로 여겨지지 않으며, 나아가 '나의' 최선의 선택을 위한 결정적인 요소일 수는 없다는 것이다. 오히려 "우리 자신에 의한 행위가 최선(가장 중요한 행위)이니, 그런 식으로 언제든지 우리가 존재하는 한에서 그리고 그런 만큼, 본성적으로도 우리의 존재를 인정받기 때문"(10.10b~12a)이라고 플로티노스는 다시 한번 자신의 존재론적인 입장을 밝히고 끝맺는다.

자유란 이미 우리에게 익숙해진 말마디(漢字) 그대로를 두고 조금만 더 숙고하더라도 누구나 쉽게 그 뜻을 헤아릴 수 있다. 곧 '스스로 말미암은' 행위를 가리키는 자유 개념은 그렇듯 자발적이라는 점에서 행위자 자신이 마땅히 짊어져야 할 책임責任(obligatio)이 뒤따르게 한다. 그래서 그것은 이미 칸트I. Kant(1724~1804)가 그토록 포기할 수 없었던 바와 같이 우리가 우선 고려해야 할 도덕철학의 중심을 이룬다. 자유가 허용되지 않는다면, 그 누구에게도 도덕적인 책임을 물을 수 없다고 할 만큼 자유는 도덕과 관련해 반드시 전제되어야 할 개념이란 점에서 말이다.

그럼에도 우리는 자유에는 항상 책임이 뒤따라야 한다는 논리에 대해 의문을 제기할 수 있다. 말을 바꾸어 왜 인간에게는 책임지지 않을 (만큼의) '완전한 의미에서의' 자유는 주어지지 않는지 물을 수 있다. 그 같은 물음은 마치 누구나 한때 겪게 되는 열병처럼 반항적인 사춘기에 미성숙하게 혹은 과도기적인 차원에서 제기되는, 이른바 별 의미가 없는 물음으로 간주될 수도 있다. 그러나 그 물음은 생각보다 훨씬 의미가 있을 수도 있다. 왜냐하면 자유(행위)는 존재론적으로 '나(자아)'란 존재를 앞서 요구하기 때문이다. 물론 이때 '나'를 말하면서도 수동적인 삶에 치중하거나 주변 환경의 영향에 의해 '어쩔 수 없었다'는 변론만을 일삼는 이들에게서 우리는 자유 자체가 부재한다거나 선택 자체가 불가능하다는 말을 듣게 될 테지만, 그것은 스스로 자유를 거부한 것에 지나지 않는다. 본래 의미에서의 자신(자아)을 거부한다면, 스스로에게서 비롯해야 할 자유 행위란 아예 이루어질 수 없겠기 때문이다. 그러므로 다시 말하자면 다음과 같은 점에서 앞선 물음이 의미 있다고 할 수 있다. 자아가 없다면, 자유 또한 있을 수 없다. 무엇이 나(자아)이고, 어디까지가 나(자아)인지 분별해내는 경계는 그럼에도 아직 고정된 것이 아닐 수 있다. 그래서 나 아닌 너

(타자)를 만나 그 경계를 긋는 일이 너와 '맞서느냐' 아니면 너와 '하나가 되느냐' 하는 결단과 맞물려 있다면, 사심私心과 무심無心, 범아凡我와 진아眞我 사이에서의 선택이 실상 자유의 내용을 채우는 중심 사안이 될 것이다.

혹시 도움이 될까 하여 지운 스님의 시 「무심차無心茶」를 옮겨 본다.[40]

>차맛을 알자
>싫든 좋든 차맛만 알자
>갖가지 잡념 차맛만 버리니
>다 놔두고 차맛만 알자
>싫은 사람 만나도 좋은 사람 만나도
>차맛만 알자
>
>찻잔 잡을 때는 잡는 줄 알고
>차 마실 때 마시는 줄 알고
>이야기 할 때 말하는 줄 알고
>싫으면 싫은 줄 알고
>좋으면 좋은 줄 그대로 알자
>끝없이 흐르는 강물처럼
>한 맛의 차맛만 알아 가면
>앎만이 남아

모든 것이 허공같이 비어버려
이것이 무념차로 가는 길이라네

갖가지 경계 만나도
공空지혜로 바라보니
취할 것도 버릴 것도
마음 흔들릴 것도 없고
마음 물들게 않아
대자유인 <무념차無念茶>의 경지라네.

결국 존재하는 모든 것들의 (존재)원의願意가[41] 궁극적으로 경계 없이, 즉 자유로이 존재하는 데 있다면, 그리하여 그것이 완전한 의미에서의 존재실현이요, 부족함을 더 이상 찾을 수 없는 만족한 상태, 그래서 행복이란 개념을 거기에 적용한다면, 책임은 그렇듯 나를 붙드는 결핍이나 결점을 제거하는 것과 결부되어 있다고도 볼 수 있다. 그리하여 '완전한 의미에서의' 자유는 아직 부실한 점이 뒤따르기에 더 메워야 하고, 아직 결함이 남아 있기에 그것을 더 채워야 하는 계기로서 책임 질 것이 조금도 남지 않도록 진지하게 이끌 것이다. 그리하여 만일 그와 같이 더 이상 책임질 만한 결함이 하나도 뒤따르지 않게 행동한다면, 그래서 더 이상 사욕 없이 무심으로 행동하는 것이라면, 그를 가리켜 대자유인大自由人이라고 부르는 것이 아닐까! 자신이 행동했지만, 더 이상 사적인 의미에서의 자신이 아니기에, 자신(범아)의 행동이 아니면서 동시에 자신(진아)의 행동이 되며, '하나'의 행동이자 무위無爲가 되는 것이리라. 그렇듯 플로티노스는 Enn. VI 8에서 "우리의 영혼은 정신을 따라 선을 향하여 방해받지 않고 추구할 만큼 의지적이요, 그런 의지를 통해 스스로 결단을"(7.1 이하) 내릴 수 있다고 앞서 강조하면서 그 원천으로서의 '하나'와 관련해 다음과 같이 결론을 맺는다.

'하나'는 그 자체로 온통 자유요, 그에게는 조금도 자유 아닌 것이 없다. (중략) 그렇게 '하나'는 그 스스로로 말미암아 있으며 (중략) 그 스스로를 통하여 모든 것으로 존재한다. 아니 차라리 무無와 같으니, 그것은 스스로를 위해 더 이상 그 밖의 모든 것을 필요로 하지 않기 때문이다. 그러므로 만일 네가 저 '하나'에 대해 말하거나 그와 하나가 되겠다고 한다면, 그 밖의 모든 것을 청산하라. (나아가) 네가 이미 모든 것을 청산하고 오로지 저 '하나'에만 매달려 왔다면, 그에 덧붙여 이해할 만한 어떤 것을 (따로) 찾으려 하지 말고, 혹시 네가 그에 대해 미혹迷惑한 바를 아직 (다) 청산하지 않았는지 반성하라.(21.14~28)

# 정신 및 육체적인 삶

최소한 '하나'와 '영혼'에 관한 플로티노스의 입장이 당시의 시대사조나 사상가들의 입장과 사뭇 다르다고 한다면, 비록 동시대에 공유하는 동일한 개념들을 활용할지라도, 그런 진술 형식 역시 그가 통찰한 전체 사상체계 안에서 독특하게 고양된 의미를 예상할 수 있다. 그와 같은 진술 형식에 대한 이해는 플로티노스의 전체 사상을 제대로 알기 위해 전제되어야 할 만큼 요긴한 것이다. 여기에서 간단히 그의 '정신'과 '육체적인 삶'에 대해서 살펴보겠다.

**플로티노스의 '정신'**

그의 정신(ὁ νοῦς) 개념은 중기 플라톤주의와 당시 아카데

미아 전통에 따라 플라톤의 입장과 아리스토텔레스의 입장을 포괄한다. 그러한 태도는 플로티노스의 정신 개념을 이중적으로 이해하게끔 한다. 다시 말해 그의 정신 개념은 한편으로는 이데아(ἰδέα)론 중심으로 이해할 경우, 순수 정신 혹은 신적인 정신의 원천적인 의미로 소급해야 하는 만큼 존재원천의 자기이해自己理解에 초점을 맞추고 있다. 다른 한편으로는 육체의 형상(εἶδος)으로서의 영혼을 중심으로 이해한다면 그의 정신 개념은 인간의 실존적인 경험에 대한 "유비와 추상(ἀναλογίαι τε καὶ ἀφαιρέσεις)"(Enn. VI 7, 36.7)을 통해 확고한 지식과 진리를 확보하는 과정을 위한 수단으로 이해된다는 것이다. 물론 이 두 가지 태도는 포괄적인 지식(앎)에 더하여 진리를 궁구하던 플로티노스에게서 양립할 수 있다.

### (1) 원천적인 실체, 그 해명으로서의 정신

우선 정신은 '저편의 세계'에 속하는데, '하나'에 이어 "두 번째 실체(τὸ δεύτερον)"(Enn. VI 6, 8.19)라 부르며, 첫 번째 실체와 온전히 하나가 된 차원에서 신으로 풀이하기도 한다. 그리하여 인간에게 말을 건네는 화자로서의 역할을 플로티노스는 정신에서 찾는다.

> 그(정신)는 ─ '하나' 혹은 그 '첫 번째' 안에 자리하는 ─ 모든 것을 고지하는 사령辭令과 같다. 그는 언제나 자신의 풍

부한 표현 능력을 통해 온통 '하나'로 머물러 있는 내용을 드러내 주기에 말이다.(Enn. V 9, 2.27f.)

정신의 그런 특징은 고대 그리스로부터 꾸준히 서양 사회 안에서 인간과 대면하게 되는 '신(ὁ θεός)'과 쉽고도 자연스럽게 연결해서 이해하는 계기를 마련해준다.[42] 우리의 언어관에 따라서도 정신(精神)이란 개념이 가장 순수하고 섬세한 의미에서 신으로 이해될 수 있을지 모른다. 충만한 신들의 세계가 누리는 풍요로움은[43] 그렇듯 정신을 통해 유감없이 이 세상에 펼쳐진다.

만물은 그야말로 다채롭고 풍부하다. 그 안에는 모든 형상적인 힘들(Logoi)이 자리하고 있으며, 다각적인 관점에서의 무수한 능력이 자리하고 있다. 그래서 사람들은 흔히 말하길, 인간들에게는 저마다의 뼈 하나하나가 각각의 역량을 발휘하니, 예컨대 손가락의 뼈와 발가락의 뼈는 서로 다르게 역량을 과시하며, 저마다의 구성원은 역량을 제각기 가지고 있으며 하나도 동일하지 않게 작용한다고들 한다. 우리 가운데 누군가가 이를 심사숙고하지 않았더라면, 물론 눈치 채지 못했을 것이다. 그런 방식으로 또 아직도 더 많은 점에서 – 우리가 살고 있는 이 세상이 저편의 세계에 대한 흔적(ἴχνος)을 지니고 있는 한, 많은 점에서 – 이 만물 안에는 아주 놀랍고도 다양한 능력의 사라져 버리지 않는 충

만함이 살아 숨쉬고 있다.(Enn. IV 4, 36.1~9)

다채로운 세상 만물의 실체를 파악하는 정신의 탁월함은 분명 매력이 있다. 그러나 다른 한편 다양하게 분화된 감각적인 것들은 우리의 정신을 잃게 할 만큼 현란한 것도 사실이다.

이 땅의 한 '고집쟁이 농사꾼'이 우리에게 한 가지 일화를 들려주었다. "막내딸이 결혼했어요. (중략) 예식이 끝나자 사진을 찍더라구요. 이 사진 찍는데 사진장이가 별의별 간섭을 다 해요. 그뿐 아니라 모두들 그의 말에는 순순히 잘도 따라요. 언제부터 사진 찍는 풍토가 그렇게 되었는지 몰라도 마치 몰이꾼이 짐승을 몰듯 사람들을 몰아세우고 얼굴 표정과 몸가짐을 간섭해요. 가장 간단한 사진틀만 잡아도 이렇게 사람이 건방져지는구나. 그러니 권력이나 돈을 가지면 사람이 형편없이 되는 도리를 알 듯도 해요. 물건과 인간. 물건 없이 인간은 살지 못하지만 물건이 인간을 더 인간답게 해야지, 물건이 인간을 망치는 쪽으로 흐르는 겁니다. (중략) 완물상지玩物喪志라는 말처럼 물건 때문에 인간성이 바뀌어 버렸습니다."[44]

현란할 정도로 다양한 것들 사이에서 오히려 그 '정신적인 것(본질)'을 찾아내는 일은 절실하다. 그렇게 인간은 정신의 순수함을 회복하는 데 매진해야 한다.

만일 사람들이 저마다 존재하는 것의 본성을 바라보고자 한다면, 거기에 놓여 있는 순수함(존재원천)에 유의해야만

한다. 왜냐하면 무엇인가 덧붙여진 것(τὸ προστεθὲν)은 언제든 그 이면에 자리하는 순수한 것(τὸ καθαρὸν)을 인식하는 데 장애가 되기 때문이다. 그러므로 (덧붙여진 것을) 추려 내어 (순수한 것을) 볼 수 있도록 애써야 한다. 다시 말해서 그대가 그렇듯 추려 내는 한해서 그대 자신의 내면(정신적인 것을 통해서 정신적인 것)을 바라보아야만 한다. 이러한 방법으로 만일 사람들이 자기 자신을 바라본다면, 일찍이 정신적인 것과 순수한 것들 안에 자리하는 불멸성에 대한 신뢰를 회복하게 될 것이다. 그렇게 된다면 이제 사람들은 정신을 제대로 바라보게 될 것이요, 더 이상 감각적인 것이나 그런 감각적인 사물들로부터 현혹되지 않고, 진정 영원한 의미 안에서 영원한 것을 마주하게 될 것이다. 다시 말해서 정신세계 안에서 항상 존재하는 것을 바라볼 수 있게 될 것이다. 사람들은 이제 그들 자신이 이미 (원천적으로) 그러하듯 지적이고 밝은 세계로 들어설 것이니, 거기서 '가려짐이 없음(진리, ἀλήθεία)'을 통해 그 세계는 지선至善과 더불어 드러나게 될 것이니, 또한 모든 것이 정신적인 능력을 통해 밝게 드러날 것이다.(Enn. IV 7, 10.27~38)

### (2) 감각을 기초로 다지는 사유활동으로서의 정신

위의 인용구 안에서 플로티노스는 인간에게서 포착되는 사유활동의 이중적인 측면을 소개한다. 예컨대 '덧붙여진 생각과 '순수한 정신'을 구별하고 있다. 존재원천의 자기해명과는 달리 인간이 일상적인 경험에 기초하여 이루어지는 불확실한 생각은 존재원천의 자기해명으로서의 정신과 구별된다. 그렇게 육체와 더불어 존재하는 실존적인 인간에게서 사유활동은 완전하게 혹은 불완전하게 이루어질 수 있다. 두 세계(저편의 세계와 이 세상)에 양립하는 영혼의 정체가 사유활동으로 인해 구체화됨과 동시에 그것은 한 인간의 존재실현을 결정하는 구심점이 된다. 이에 함축적인 표현이 용납된다면, 인간은 무엇을 생각하느냐에 따라 바로 그가 된다(Homo est id, quod illus cogitat). 육체와 함께 살아가는 영혼의 사유활동은 '시공간적으로' 겪게 되는 경험의 다양한 흔적들로부터 정화되어야 한다. 이 정화를 통해 회복해야 할 순수한 것이란 "다른 곳으로부터 유래하는" 악으로서의 덧붙여진 생각과는 달리 "애초부터 내재하는 최선의 것"(Enn. IV 7, 10.12)이다.

서산대사 휴정休靜스님이 남긴 『선가귀감禪家龜鑑』의 한 구절을 법정스님이 발췌하면서 이렇게 옮겼다.[45]

修道證滅이 是亦非眞也요, 心法本寂이 乃眞滅也라, 故로 曰, 諸法從本來로 常自寂滅相이라 하니라.

도를 닦아 열반을 얻는다면 이것은 참이 아니다. 마음이 본래 고요한 것임을 알아야 이것이 참 열반이다. 그러므로 "모든 것은 본래부터 늘 그대로 열반이다"라고 하신 것이다.

'애초부터 내재하는 최선의 것'을 회복하는 일은 그렇듯 플로티노스에게도 영혼의 자각, 곧 자기 자신의 본래성을 되새기는 성찰의 목표이다. 그러므로 자기 내면 속으로의 침잠沈潛은 영혼 안에 이미 본질적으로 자리한 '순수한 정신'을 찾아 나아가는 참다운 활동(actus)이요, 그것이 진정한 의미에서의 자기실현 및 득도의 움직임이다. 다수를 향한 정신 없는 분주함이 아니라, '하나'를 향해 한껏 비워낸 물러남이 바로 자신을 회복하는 길이라는 것이다.

왜냐하면 자체 내의 내면적인 통일성을 꾀하지 못하는 무능력함에 근거하여 연이어 분산되고, 그렇게 낱낱으로 해체되는 각각의 개별적인 것들은 외적인 현상으로 보아 다수多數로 드러나기 때문이다. 이러한 해체를 통하여 '통일성' 내지 '하나-됨'을 아예 잃게 된다면, 결국 자신의 다양한 면모를 하나로 추스를 수 없는 가운데 단순히 다수로 드러나게 될 것이다. 한편 이러한 각각의 개별적인 것들이 끊임없이 해체되어 나간다면, 그 (수)는 (무한히) 확대될 것이다. 그 수가 (무한히) 확대된다는 것이 그러면 어떤 곤혹스런 파국을 가져다줄까? 그렇다, 만일 그러한 개별적인 것이 스스로 자각하고 있음에도 그렇게 다수화되어 간다면, 그것은 분명 곤혹스런 파국을 가져다줄 것이다. 왜냐하면 그러한 개별적인 것은 자신으로부터 거듭하여 멀어지고 소외되는 것을 의식하면서도 (어쩔 수 없이) 거듭하여 다수화되어야 하기 때문이다. (올바른 관점에서) 각자는 실상 자신과 다른 무엇을 찾는 것이 아니고 자기 자신을 찾아야 한다. (중략) 존재의 회복은 (진정) 자신을 되찾아 나아갈 때 가능하다. 이렇게 혹은 저렇게 확장되어 가는 자신을 욕심내는 것은 진정한 의미에서의 확장(혹은 성장)이 무엇인지 모르는 것과 같다. (중략) 자아의 존재실현은 그러므로 일단 하나-됨의 의미에서 가능한 것이지, 무작정 확대된 의미에서 가능한 것은 아니다.(Enn. VI 6, 1.4~20)

육체와 영혼으로 결합된 전통적인 인간관 아래서 플로티노스가 정신을 "영혼의 빛"(Enn. VI 7, 17.37)으로 바라보았을 때,[46] 그는 "이데아의 근원지"(Enn. I 6, 9.41)인 정신 곁에서 남달리 이 세상에서 경험하는 물질적인 결함을 극복할 수 있는 힘을 발견했다고 볼 수 있다.[47]

정신과 존재의 본성은 참되고 원천적인 의미에서 만물 안에 자리한다. 그러한 의미에서 만물은 결코 서로 와해된 것이 아니요, 서로 분별되는 가운데 무력해지거나 불완전하게 있는 것이 아니다. 왜냐하면 저마다의 부분은 거기서 전체성과 관련하여 분산되지 않고, 전체로서의 삶과 전체로서의 정신이 동시에 하나로 머물러 있기 때문이다. 부분들은 전체에 의해 보장된다. 전체는 내적인 친화력에 의해 뭉쳐 있다. 그것은 서로 분리되지 않으며, 부분들은 다시금 서로 다름에 의해 개별화되지 않으니, 이는 서로에게 전혀 낯설

지 않는 부분으로 마주하여 있음을 가리킨다.(Enn. III 2, 1.26~33)

그렇듯 존재하는 모든 것들에 대한 존재론적인 통찰과 그로부터 전망된 하나의 유기적인 엮임(전체성)에 관한 신념은 플로티노스에게 더욱더 그의 고유한 세계관(유출설, Emanationstheory)을 고무시켰다.

원천으로부터 최종적인 아래에 이르기까지 그 흐름은 계속되는데, 각각의 단계들은 항상 그의 고유한 자리를 차지하고 있다. 한편 '생겨난 것'은 그보다 한 단계 아래에 내려 서 있는데, 그때마다 생겨난 것은 그 자신을 본떠 '낳은 것'과 닮은 채로 있다. 예를 들어 영혼이 어떤 식물에게 들어가면, 그 식물 안에 영혼의 어떤 일부만이 자리하기에, 영혼 자체에서 '떨어져 나온' 만큼 더 뒤떨어지고 산만한 모습으로 (식혼의) 식물이 나타나는 것이다. 이는 정신이 없는 (각혼의) 동물의 경우에서도 그러하기에, 그들은 감각적인 활동에만 자신을 내맡기듯 나타난다. 또 영혼이 인간에게 혹은 정신을 가진 실체에 들어가면, 정신에 따라 행동하는 이치와 같다. 이때 영혼은 정신을 자신의 고유한 무엇으로 삼고는 그 정신에 따라서 생각과 행위를 가다듬는다.(Enn. V 2, 2.2~10)

뒤에 '생겨난 것'은 앞서 그것을 '낳은 것'에서 유래한 까닭에, 생겨난 그것은 더 원천적인 것으로부터 모범적인 힘을 얻는다. 거듭해 다수로 확대되는 물질세계가 아니라 '(순수) 정신'이 구체적인 삶을 실현하는 주체로서의 영혼에게 모상模相이요 원천이다. 존재론적으로 선행하는 정신은 실존하는 인간(영혼)이 최대한 추구해야 할 목표이다. 그런 점에서 정신은 영혼에게 "최고의 선善"(Enn. IV 1, 1.2)과도 같다. 그리하여 플로티노스가 "우리는 저마다 하나의 정신적 우주(ἐσμὲν ἕκαστος κόσμος νοητός)"(Enn. III 4, 4.23f.)라고 외쳤다면, 그것은 인간이 본래 정신세계의 엄연한 거주자요, 나아가 하나-됨 안에서 결코 주변적이지 않은 중심 존재로 실현 가능한 우리의 위상을 촉구하였음을 뜻한다.

> 그러나 너는 그러한 '뛰어오름(상승)'을 너의 두 발로 실현하리라 생각하지 말라. 오히려 네 눈을 감고 과거의 그 어떤 것과는 다른 시각을 네 안에서 일깨워라.(Enn. I 8, 8.23~27)

이 감각적인 세상 안에서 현란하게 변모하는 존재의 외양에 안광眼光을 흐리게 하지 말고, 그 내면의 본질을 통찰하는 정신을 회복하도록 노력해야 한다. "거기에 참된 삶이 자리하니 (중략) 거기에서 산다는 것은 곧 정신적인 힘을 소유하는 것과 같으며 (중략) 그러한 힘 안에서 비로소 영혼은 아름다워지고, 의로워지고 또한 덕스러워질 수 있는 것이다."(Enn. VI 9, 9.16~20) 이 같은 영혼의 노력에는 분명 그 끝(목적)이 있다. "누군가가 그러한 노력 중에 자신을 관찰할 때, 그는 저편의 존재원천과 어떤 유사한 것을 자신 안에서 깨닫게 된다. 곧 복사물과 같은 자신이 결국 그 '원형'을 찾아 방랑하고 있음을 깨닫는데, '그것'이 우리 영혼의 긴 여정이 추구하는 목표이다."(11.43~45)

### 육체적인 삶에 대한 이해: 근대 시각과의 차별성

이제 이와 같은 세상 존재에 대한 해석은 플로티노스로 하여금 세상 만물에 대한 관찰로부터 본질적인 의미를 파악 – 영혼의 진지한 태도(사유활동)를 통해서 – 할 수 있다는 확신을 심어준다.

> 만일 누군가가 이 감각적인 세상을 두고 그의 '광활함'과 '아름다움'과 '질서'를 따져 경이로움을 갖는다면, (중략) 그는 이 세상의 '귀감(ἀρχέτυπον)' 혹은 '참된 존재(근원)'에로 한층 눈이 뜨여져 저 위에 이미 모든 것이 존재하였고, 그러한 존재에 걸맞게끔 '정신적인 자각'이 영원히 그 곁에 머물러 있다는 사실을 깨닫게 될 것이다.(Enn. V 1, 4.1~8)

그럼에도 플로티노스의 정신 개념은 근대의 합리론이 극대화한 인간의 주체이성 및 자율이성과 혼동해서는 안 될 것이다. 왜냐하면 그에게서는 순수한 의미의 정신이라 여겨지는

"세계영혼(ψυχὴ τοῦ ὅλου)"(Enn. IV 4, 15.12f.; 참고로 πρώτη ψυχή [Enn. I 7, 2.6]; ἡ τοῦ παντὸς ψυχὴ [Enn. II 9, 7.13])과 그렇듯 순수한 정신에 이르지 못한 인간의 개별영혼이 서로 구별되기 때문이다.

> 세계영혼은 항상 저 위에 존재한다. 다시 말해 저편의 세계에 '영혼'은 자연스럽게 존재한다. (중략) 그에 반해 개별영혼은 만일 그들 앞에 이미 존재하는 것을 바라볼 때 비로소 해탈하게 된다. 그러나 만일 그들이 그들 뒤에 존재하는 것들(=물질적인 것들)에 붙박여 버린다면, 존재(자)로 혹은 비존재(자)로 나타날 뿐이다. 그들이 자신 안에 사로잡혀 더 이상 나아갈 수 없으면, 그들은 그들 위에 존재하는 '그림자'처럼 진정 존재하지 못할 것이다. 그들은 그러는 가운데 그저 텅 빈 허공에 자신을 맡기고 언제나 떠돌이 신세를 면하지 못한다. 그 '그림자'와 같은 허망한 존재 (비존재)는 철저한 암흑과 같다. 거기에는 온통 비이성적이고 비정신적인 것만 자리하기 때문이요, 참된 존재로부터 벗어나 있기 때문이다.(Enn. III 9, 3.6~15)

또한 근대의 이분법적인 시각을 플로티노스에게서는 발견할 수 없다(res cogitans / res extensa). 왜냐하면 그는 감각적인 것과 정신적인 것이 서로 독립해 실존하지는 않는다고 보았기 때문이다. 그래서 플로티노스는 "이 (감각적이고 물질적인) 세상이 영혼에 의해서 이루어지지 않은 적이 없었으며, 다른 한편 육체적인 것이 앞서 존재하거나 혹은 그런 육체가 영혼으로부터 따로 떨어져 생겨난 적이 없었으며, 나아가 물질 역시 제 형상을 갖지 않은 채 머물렀던 적이 없었다. 사람들은 다만 그런 점을 고려하면서도 스스로의 생각 안에서 이 두 가지를 서로 갈라 세워 소개하였다. 왜냐하면 우리의 생각과 추론 안에서 그들의 연관성은 서로 분리되어 소개될 수 있었기 때문이다. 그러나 참된 의미에서 분명하게 말하자면, 육체가 없다면 영혼 역시 존재를 위해 나아갈 수 없을 것이다. 왜냐하면 영혼이 자연 안에 드러날 때, 육체 없이는 실존할 수 있는 데가 없기 때문이다. 그러므로 영혼이 존재를 위해 나아갈 때 어떤 장소가 요구되며 그로써 어떤 육체를 만들어내는 것이다"(Enn. IV 3, 9.15~23) 하고 주저 없이 밝힌다. 이것은 다시금 플로티노스에게서 아주 가끔씩 관찰되는 '반反육체주의적인 사상', 곧 '육체나 물질'은 '나약함의 원인'이요, '악의 근본'이며 더 나아가 '최초의 악 자체라는 극단적인 입장(Enn. I 8, 14.49~51)과는 다른 시각을 갖도록 도와줄 것이다. 그것은 과연 육체에 대해 플로티노스가 긍정적으로 이해하려 했다고 해석할 수 있는 가능성을 제공한다. 물론 이 같은 해석은 그가 염세주의자나 혹은 그와 유사한 비관론자의 혐오감을 가지고 이 세상에서의 삶을 최대한 빨리 끝내도록 종용한 —자살을 강요한— 적이 없다는 소극적인 접근을 훨씬 뛰어넘도록 해준다. 예컨대 그가 주어진 삶 안에서 최선의 선택으로서 인생을 진득하게 채워 나갈 것을 권했던 것처럼, 플로티노스의 육체적인 삶에 대한 태도에는 인간이 자아실현을 위해 반드시 거쳐야 할 과정으로서의 의미만이 아니라 그로부터 그 이후에 벌어질 장래(미래)가 결정된다는 더 진지한 의미마저 엿보인다.

> 너는 네 영혼을 폭력으로 해방해서는 안 될 것이니, 그로써는 결코 자유롭지 못할 것이다. (중략) 그런데 만일 어떤 사람이 육체가 (영혼으로부터) 해체되도록 힘쓴다면, 그것은 무엇을 일컬을까? 혹은 폭력을 써서 또 정신분열을 일으켜서라도 저편에 따로 서지 못했다면, (그것은 무엇을 말할까?) 또한 (설령) 육체를 해체할 경우 감정 없이는 그럴 수 없고, (삶에 대한) 혐오나 비애 혹은 충동으로 그렇게 한다면, 더더욱 그렇게 행동해서는 안 된다. 그런데 혹시 그런 어리석은 행동의 조짐을 감지했다면 (어떻게 할까)? 한편 현자에게서는 그런 일이 벌어지지 않는다. (중략) 또한 만일 제각기 (수명을) 정해주는 운명적인 시간이 있다면, 시간은 그같이 행동한 사람들을 위하여 축복하지 않을 것이다. (중략) 그러나 만일 누구나 제 운명에 따라 목숨을 다하게 된다면, 그는 저편의 세계에서 그에 맞갖은 영예를 얻게 될 것이니, 삶의 행진을 계속하는 동안 목숨을 끊어서는 안 된다.(Enn. Ⅰ 9)

그럼에도 플로티노스가 최대한 '현실'에 집착하는 실존주의적인 태도를 취하지는 않았던 것 같다. 그러므로 결코 금욕주의적인 태도로 이 세상에서의 삶을 조소하거나 극단적으로 포기하도록 가르치지 않았고, 오히려 이 세상에서 삶의 행진을 – 그 까닭을 다 알 수 없으나 – 꾸준히 계속하도록 가르쳤다면, '육체적인 삶'에 대한 그의 입장은 집착과 냉담 사이에서 중도中道(τὸ μέσον)의 길을 걸었다고 평가하는 것이 더 올바른 것 같다. 그런 가운데 그는 이 세상의 물질적·감각적인 것들 곁에서 충족시킬 수 없는 인간의 행복, 그러니까 이 세상에서 얻을 수 있는 그런 모든 것들을 훨씬 능가하는 인간의 (존재) 원의에 대해 관심을 기울였다. 인간의 행복, 그것을 실현할 수 있을까? 이 시대적인 물음에 대한 플로티노스의 대답은 당시 헬레니즘 후기의 다른 사조들과 마찬가지로 긍정적이다. 아니 그들과는 달리 영원한 세계와 결속되어 있는 정신과 영혼 개념을 통해 훨씬 더 철저히 긍정하고 있다.

영혼의 '내면적인 정신'과의 만남은 확실히 긍정적인 관점에서 인간이 "(물질세계에서 기대할 수 있는 것보다) 훨씬 숭고한 가치를 기대"할 수 있도록 이끌며, 그저 외적으로 치중하여 다양한 변화에 정신없이(혼란스럽게) 뒤따르는 태도나 혹은 저돌적으로(무분별하게) 행동하려는 태도와는 다른 '더 정교한 삶'을 살도록 도와준다.(Enn. IV 8, 4.13~21) 그것은 우리의 영혼이 육체에 흠뻑 젖어 살아가는 동안에도 기회가 닿으면 – '정신을 차린다면' – 그때마다 존재의 '전체적인 의미'를 바라봄으로써 균형(날개)을 잃지 않게 하듯, 결국 각자의 영혼에게

달려 있다.

그러나 또 한편 인간의 영혼(자의식)은 그렇듯 '정신'과의 유대를 통해서 물질세계를 주도적으로 파악한다는 점에서 거만해질 수도 있다. 반면 물질세계는 그 스스로 '의미'를 규명하고 나설 수 없는 전연 의미가 없는 것으로 치부될 수도 있다. 그리하여 과연 우리의 역사 안에서, 예컨대 '금욕주의자' 혹은 '극단적인 자유방임주의'에게서 — 이 둘은 윤리적인 관점에서 서로 상반된 태도(절제와 방임)를 취하지만, 그들 모두 육체적인 측면을 근본적으로 거부하고 그저 '임의로' 그것을 해석하려고 애썼던 점에서 동일한 입장으로 이해할 수 있다 — 엿볼 수 있듯이 인간의 '육체'에 대한 편파적인 해석이 유행했음을 기억한다. 우리는 당시 헬레니즘 시대에도 육체와 물질적인 것에 대한 혐오감을 노골적으로 표현한 경우를 — 비록 큰 영향력은 행사하지 못했을지라도 — 저 '견유주의 학파(Cynicism)' 곁에서 목격할 수 있다. 그런 사람들과 함께 인간의 모든 행위에 대하여 육체적인 측면을 과소평가하던 사람들에게서 우리는 다른 한편 '지적인 오만함'을 엿보게 된다. 플로티노스는 이미 그런 입장을 경계하도록 일침을 가했다. 예컨대 '무자비한 전쟁, 온갖 살육 및 살해 행위, 도시 정복, 약탈' 등 "마치 무대 위에서나 연출 가능한 무엇"이 실제로 벌어지고 있으며, 그와 더불어 파악해야 할 인간의 내면적인 측면이 무시당하고 있음을 경고했다. 저 무대 위에서 연출되는 배우들의 죽음이 기껏 짧은 순간에 펼쳐지는 단순한 연기에 불과하듯, 어느덧 인간의 죽음은 마치 "몸을 [옷처럼] 갈아입는 간단한 상징적인 행위" 쯤으로 전락하고 말았다. 그로써 또 다른 배우로 역할을 바꾸어 새로운 삶을 너끈히 누리는 연극처럼, 한 인간의 고유한 인생이 그만 손쉽게 뒤바꿀 수 있는 '장사놀음' 쯤으로 가볍게 취급되고 있다는 것이다. 플로티노스는 이런 놀음을 통하여 사람들이 "진지하지 않은 것을 진지하게 생각하게끔 하고, 진지한 것을 진지하지 않게 여기게끔 현혹될 수도 있다"고 경고한다. 그리고는 그런 시각으로 삶을 '운명적으로' 이해하려는 사고방식을 두고 이렇게 비판하며 끝맺는다.

> 덧붙여 말하건대 [극 중에 배우들이 연출하는] '비통함'과 '애절함'이 [마치] 우리의 삶에 [비할 수 없을 만큼 처절한] '불행이 있음'을 증명하는 것이라고 생각해서는 안 될 것이니, 그것은 마치 어린아이가 결코 불행한 것이 아님에도 그것을 두고 애절해하고 비통해하는 것을 보아서도 알 수 있지 않은가!(Enn. III 2, 15.59~62)

# 연대기 및 작품

**연대기**

?204~205 : 이미 헬레니즘 문화가 확산된 아프리카 알렉산드리아에서 태어남.(몇몇 일화로 전해진 것 외에는 출신, 부모, 고향에 대해 알려진 바가 없음)

232(경) : '철학에 관심을 가지고 배회하다 암모니오스 사카스를 만남.

243 : 당시 로마황제 고르디안(3세)의 페르시아 원정에 동반했다가 일 년 뒤 황제가 살해당하자 안티오키아를 거쳐 로마로 피신함.

244 이후 : 약 26년간 로마에서 생활하면서 그를 찾아온 사람

(제자, 원로원 소속, 철학자)들을 가르쳤음.

253~263 : Enn. I 6(1)부터 총 21권 저술함.(주로 가벼운 주제를 간단히 다룸)

263 : 플로티노스에게 포르피리오스가 찾아와 입문하게 됨.

263~268 : 포르피리오스의 도움으로 Enn. VI 4(22)부터 총 24권 저술함.(그의 일생에서 최대한 힘을 쏟고 지적으로 몰입을 해서 완성한 작품들이라고 함)

268 : Enn. I 4(46)부터 5권 저술함.(포르피리오스의 도움을 받지 않았고, 다소 기진한 몸과 정신으로 집필)

269 : Enn I 8(51)부터 나머지 4권 역시 포르피리오스와 무관하게 집필했으나 나중에 여행 중이었던 포르피리오스에게 전달되어 편집되었음.

269~270 : 캄파니아에서 지병으로 죽음을 맞게 됨.

**작품**

플로티노스는 '철학'에 몰두한 지 만 20년의 세월이 흐른 49세의 늦은 나이에 비로소 집필을 시작했다. 일찌감치 지병으로 풍風을 심하게 앓고 있었으며 시력이 좋지 않았다. 그러니 글을 쓰는 일이 편치 않아 제자(특히 포르피리오스)에게 대필과 편집을 일임한 적이 많았다. 몸이 약했지만 언제든 사람을 만나고 방문하는 것을 꺼리지 않을 정도로 자유분방한 성격이었다.

한편 그의 부드러우면서도 공정한 인품 때문에 어느 누구와도 적대 관계에 놓인 적이 없었다고 전한다. 토론을 무척 좋아해서 난해한 주제를 놓고 토론할 때에는 며칠씩 식음조차 잊었던 플로티노스는 누구 못지않은 학구적인 열정을[48] 지니고 있었다. 그러한 끈질긴 질문과 진지한 해명을 위한 모범적인 태도를 그의 작품 속에서도 음미할 수 있다. 아래에 소개하는 바와 같이 스승의 그런 열성을 좇아 각 작품의 주제를 새롭게 편집한 포르피리오스의 노력이 과연 스승이 의도한 바를 온전히 드러냈다고 확언할 수는 없다. 직접 그의 작품을 읽을 때 혹시 의문이 들지도 모르지만, 스승이 다루었던 주제들의 전반적인 개요는 물론 그 가운데 특별히 비중을 두고 통찰했던 문제들을 일별一瞥하는 데 도움을 줄 것이다.

[1] 제1집: 일반적으로 쉽게 제기되는 주제들을 다룬다.

Enn. I집輯 1권卷 – 생명체 및 인간에 관하여

Enn. I 2 – 미덕에 관하여

Enn. I 3 – 변증법에 관하여

Enn. I 4 – 행복에 관하여

Enn. I 5 – 시간의 경과에 따른 행복의 증가라는 의문에 관하여

Enn. I 6 – 아름다움에 관하여

Enn. I 7 – 첫 번째 선善에 관하여

Enn. I 8 – 악惡의 유래에 대한 의문에 관하여

Enn. I 9 – 합당한 죽음에 관하여

[2] 제2집: 관찰할 수 있는 우주 삼라만상(세상)의 창조와 발전 과정의 근거를 다룬다.

   Enn. II 1 – 하늘(삼라만상)에 관하여
   Enn. II 2 – 천구天球 및 그 회전운동에 관하여
   Enn. II 3 – 별들의 영향력에 관하여
   Enn. II 4 – 두 가지 물질에 관하여
   Enn. II 5 – 가능태와 현실태에 관하여
   Enn. II 6 – '만들어진 것'에 관하여
   Enn. II 7 – 전체적인 혼합에 관하여
   Enn. II 8 – '봄'과 멀리 있는 것이 작게 보이는 까닭에 관하여
   Enn. II 9 – 영지주의자靈知主義者(Gnostiker)에 반대하여

[3] 제3집: 대자연보다는 인간의 삶과 관련된 주제들을 다룬다.

   Enn. III 1 – 운명에 관하여
   Enn. III 2 – 선견지명(1)에 관하여
   Enn. III 3 – 선견지명(2)에 관하여
   Enn. III 4 – 인간을 택한 악마에 관하여
   Enn. III 5 – 사랑에 관하여
   Enn. III 6 – 비육체적인 것의 무감정에 관하여
   Enn. III 7 – 영원과 시간에 관하여

Enn. III 8 – 자연 본성과 '바라봄'과 '하나'에 관하여

Enn. III 9 – 여러 가지 연구(학문)들에 관하여

[4] 제4집: 플로티노스의 중심 주제인 '영혼'에 관한 주제들을 상세하게 다룬다.

Enn. IV 1 – '영혼'의 실체(1)에 관하여

Enn. IV 2 – '영혼'의 실체(2)에 관하여

Enn. IV 3 – '영혼'의 의혹스런 처지(1)에 관하여

Enn. IV 4 – '영혼'의 의혹스런 처지(2)에 관하여

Enn. IV 5 – '영혼'의 의혹스런 처지(3)에 관하여

Enn. IV 6 – 감각과 기억에 관하여

Enn. IV 7 – '영혼'의 불멸성에 관하여

Enn. IV 8 – 지상 세계로의 '영혼' 하강下降에 관하여

Enn. IV 9 – 개별 '영혼'들의 하나-됨에 관하여

[5] 제5집: 플로티노스의 중심 주제로서 외적인 관찰을 넘어 내면적인 원리 및 정신적인 근거에 대한 탐구를 주제로 다룬다.

Enn. V 1 – 세 가지 근원적인 실체들에 관하여

Enn. V 2 – 태초의 것을 통한 생성과 질서에 관하여

Enn. V 3 – 인식하는 실체들과 저편의 세계에 관하여

Enn. V 4 – 태초의 것과 그 생성 과정 및 '하나'에 관하여

Enn. V 5 – '정신'에 자리하는 정신적인 것들 및 선善에 관

하여

Enn. V 6 – '존재' 너머의 무사유無思惟 및 첫 번째와 두
　　　번째 사유

Enn. V 7 – 개개의 사물에도 관련된 정신세계에 관하여

Enn. V 8 – 정신적 아름다움에 관하여

Enn. V 9 – '정신'과 '정신세계'와 '존재'에 관하여


[6] 제6집: '하나'와 관련된 존재 및 선善에 관한 중요한 주제들을 다룬다.

Enn. VI 1 – '존재'의 부류(1)에 관하여

Enn. VI 2 – '존재'의 부류(2)에 관하여

Enn. VI 3 – '존재'의 부류(3)에 관하여

Enn. VI 4 – 하나이며 동일한 '존재'의 전체 현현성顯現性
　　　(1)에 관하여

Enn. VI 5 – 하나이며 동일한 '존재'의 전체 현현성(2)에
　　　관하여

Enn. VI 6 – '수數'에 관하여

Enn. VI 7 – 정신세계 안의 다수성 및 그에 따른 선에 관하
　　　여

Enn. VI 8 – '하나'의 자유의지(願意)에 관하여

Enn. VI 9 – '선善' 혹은 '하나'에 관하여

## 주

1) 한형조 외, 『남명 조식』, 청계, 2002, p.55.
2) 이 유명한 잠언(경구)들은 15세기 르네상스 시대의 인문주의 사상 그 중심에서도 발견된다. 예컨대 24세의 젊은 피코G. Pico della Mirandol는 『인간존엄성에 관한 연설*Oratio de hominis dignitate*』(1468)에서 이 경구들을 소개했다. (참고 피코 델라 미란돌라, 성염 편저, 철학과 현실사, 1996, p.154 이하)
3) 정채봉, 『날고 있는 새는 걱정할 틈이 없다』, 샘터, 2004, pp.96~97.
4) 라틴어와 영어로는 Plotinus, 독어와 불어로는 Plotin이라 표기하는데, 여기서는 다른 철학자 이름과 마찬가지로 그리스어 표기를 따랐고, 잘 알려진 학파와 개념은 주로 영어로 소개했다.(한편 플로티노스의 출생과 관련된 연대 및 신분은 그의 의도대로 부정확하게 전해져 왔다.)
5) 플로티노스의 작품 표기 방식과 전체 작품에 대한 설명에 관련해서는 계속 이어지는 본문을 참조하고, 특히 '연대기 및 작품' 안에서 더 상세한 개관을 참조할 수 있다.
6) 이황李愰, 이광호 옮김, 『성학십도』, 홍익출판사, 2001, pp.22~23.
7) 이 물음을 플로티노스 스스로 이미 Enn. IV 8에서 제기하고 또 해명하려 했던 것처럼 온전한 지식을 추구한 그의 입장에서 이 물음이 여기서도 전혀 생소하거나 어색하지 않다.
8) 플로티노스를 신플라톤주의의 창시자로서 그 이후 전개된 정신사 안에 파급된 영향력을 따져 볼 때, 플라톤과 아리스토텔레스에 이어서 고대 그리스의 "위대한" 3대 철학자로 평가하는 시도(예컨대 A. H. Armstrong의 경우)도 지나치지 않을 것이다. (참고. 전광식, 『신플라톤주의의 역사』, 서광사, 2002, p.34.)
9) 그러나 여기서 '마지막 논문'이란 표현은 플로티노스 자신이 최종적으로 이 논문을 집필했다는 것을 가리키지는 않는다. 오히려 집필 시기를 고려하자면 다른 작품들에 비해 초기에, 그러니까 정확하게 말해 9번째로 집필한 논문이다.
10) 이 책에서 플로티노스의 작품 Enn.(엔네아데의 통상적인 약

어표기를 따름)의 인용은 모두 필자가 원문을 번역한 것이다. 국제학술표기 약속(1957년 Vandœuvres 모임)에 따라 장章과 절節을 점으로 구별하여 표기하며, [ ]표기는 필자가 문맥을 고려하여 이해를 돕기 위해 삽입한 구절.

11) '저편의 세계' 혹은 '피안의 세계'라는 개념은 물론 플라톤에게서 고착된 개념이다. 왜냐하면 플라톤은 자주 "선善의 이데아가 가리키는 초월"이란 "(이 세상에) 존재하는 것들을 따라 일컫는 모든 범주의 저편(ἐπέκεινα τῆς οὐσίας)으로서 탁월하고 능력을 겸비한 실체"라고 소개하기 때문이다. (Politeia 509b.) 이 점에서도 플로티노스는 철저히 플라톤의 가르침에서 벗어나지 않고 있다.

12) 우리는 '태양의 빛깔'을 규정할 수 없다. 다시 말해 태양을 통해 밝혀진 그 어떤 빛깔(色)로는 태양의 빛깔을 규정할 수 없다는 것이다. 그래서 흔히 '무색'이라고 말한다. 그러나 그 '무색'이란 곧 '온색', 즉 '모든 색'이라는 의미로 되새길 수 있다. 왜냐하면 태양을 통해 밝혀진 그 모든 색을 실상 태양은 모두 함의하고 있기 때문이다. 바로 그런 점에서 동양의 "절대무"와 "절대유"는 하나가 된다고 한다면, '하나' 역시 이 세상에서 '무'로 소개되고, 존재하는 모든 것과 '다르다'고 말하더라도 흔히 말하듯 '상대적인 무'이거나 "다른 것들 가운데 어떤 하나"라고 말해서는 안 된다. 한편 '하나'가 '다양하게 경험되는 다수, 저마다 서로 다르게 존재하는 것들'과 "다르다"는 이해 및 언표 형식을 기초로 존재원천으로서 '하나'를 "다른 것이 아닌 것(non-aliud)"이라 일컬을 수 있다. 일찍이 1462년 쿠사누스N. Cusanus가 이 같은 원천 연구를 했다. (참고할 그의 작품 *De non-aliud*)

13) 그래서 플로티노스는 '하나'를 가리켜 "초범주적"이라는 점을 때때로 각성시키고 있다. 이 같은 통찰은 뒤에 특히 프로킬로스Proklos에게서 발전하여 디오니시오스Ps. Dionysios에 이르러 완성되다시피 한 '신비신학(negativa theologia)'의 토대가 된다.

14) 완전한 실현을 이루는 '존재' 및 존재원천으로서 '하나'에는 '무한한 생명력' 역시 배제되지 않는다. 생명은 '영원한 존재'의 본질적인 특성 가운데 하나인 셈이다. 예컨대 "만일 '존재'

란 개념을 통하여 진지하게 생각하는 일이 요구된다면, '존재'란 갑자기 '있다'가 갑자기 '있지 않아서'는 안 될 것이다. (중략) 나아가 그 자체로 그리고 원천적으로 '존재'를 취하는 그 무엇은 항상 존재해야만 한다. 그렇게 원천적으로 그리고 항상 존재하는 그 무엇[존재원천]은 돌이나 고목과도 같이 죽은 것이어서는 안 되고, 오히려 '살아 있는 것'이어야만 한다."(Enn. IV 7, 9.18~25)

15) 소광희, 『하이데거 존재와 시간 강의』, 문예출판사 2004, 21쪽. 하이데거의 주저『존재와 시간*Sein und Zeit*』(=SZ)의 인용도 소광희의 번역본을 따랐다.
16) 참고로 최근 소개된 책 Susanne Möbuß, *Plotin. zur Einführung*, Hamburg, 2000, 115ff.
17) 참고 Platon, *Phaidon* 99b: "τί ἐστι τὸ αἴτιον;", *Hippias* I 287d: "τί ἐστι τοῦτο τὸ καλόν;", *Kriton* 47c: "τί δ' ἐστι τὸ κακὸν τοῦτο;", *Theaitetos* 174b: "τί δὲ ποτ' ἐστιν ἄνθρωπος;"
18) J. Hirschberger, 『서양철학사 상권』, 이문, 1983, p.362.
19) 참조 Friedo Ricken, 김성진 옮김, 『고대 그리스 철학』, 서광사, 2000, pp.344~347 참조.
20) A. Fidora / A. Niederberger(Hg.), *Vom Einen zum Vielen*, Texte des Neoplatonismus im 12. Jahrhundert, Frankf./M. 2002, IXff.
21) 참고, 포르피리오스, *Vita Plotini* §16 이하.
22) 전광식, 『신플라톤주의의 역사』. 특히 40쪽(포르피리오스의 "그리스도교에 관한 15가지 비판적 논증" 참조), 53쪽 및 59쪽 (알렉산드리아 학파의 그리스도교와의 친분 관계) 참조.
23) 피치노와 피코를 중심으로 Accademia Platonica라는 사적인 연구 모임이 결성되어(1459~1522) 신플라톤주의가 르네상스 시대에 새롭게 전파되었으니, 종래의 철학과 신학의 영역을 넘어서 문학과 예술 등 다방면으로 확산되었다. (참고. 전광식, 『신플라톤주의의 역사』, p.225 이하.)
24) 우리는 아우구스티누스의 작품 『참된 종교*De vera religione*』(IV 7) 안에 소개된 다음과 같은 구절을 이미 알고 있다. "그들[신플라톤주의자들]이 만일에라도 이승의 삶을 우리와 함께 다시 산다고 하면, 어떤 권위가 있어 훨씬 용이하게 사람들을

가르치고 있음과 자기네 (학설에서) 말마디 몇이나 문장 몇 개만 바꾸면 자기네가 그대로 그리스도교도가 됨을 알게 될 것이니, 근자에 와서 플라톤 학파의 다수 인사들[=심플리치아누스 및 마리우스 빅토리누스]이 행한 바가 바로 그것이다." 이와 함께 또한 『신국론*De civ. Dei* XXII 27)』 참고. 다른 한편 스콜라 철학의 대부라고 일컫는 토마스 아퀴나스의 신학 사상에서도 신플라톤적인 세계관을 뚜렷이 발견할 수 있다. (참고 Thomas F. O'Meara, 이재룡 옮김, 『신학자 토마스 아퀴나스』, 가톨릭출판사, 2002, p.133.)

25) F. Heinemann, *Plotin. Forschung über die Plotinische Frage*, [Nachdr. Aalen 1973] 303.

26) C. J. Whitby, 『The Wisdom of Plotinus』, 1919, pp.118~119.

27) 우리는 플로티노스 곁에서 당시 철학적인 개념들을 빌려 쓰면서도 종교적인 입장이 강하게 부각되었던 영지주의(Gnosticism)에 대해 분명한 반론을 제기한 유일한 작품으로서 Enn. II 9을 기억할 뿐이다.

28) 앞선 단원(존재에 관한 탐구)를 참조. 나아가 플로티노스에게서 이른바 '존재론적인 차이(ontologische Differenz)'를 엿보게 된다. (참고. Enn. III 6, 5.8~22: "존재자, 존재하는 것의 본성 그리고 존재 자체는 우리가 흔히 생각하듯 서로 유사한[=같은] 개념들이 아니다. 진정한 의미에서의 '존재'는 '존재의 존재(ὄντως ὄν)'를 가리키는데, 이는 그 어떤 관점에서도 '있음'을 말한다. 그것은 존재와 결부된 모든 사실과 어느 하나도 동떨어져 있지 않다."

29) K. Kremer의 안내의 글(Einleitung), in: *Plotin, Seele-Geist-Eines* [Griechisch-Deutsch], Hamburg, 1990, 32~33.

30) 이 표현 "하나' 곁에 있음(τῷ ἓν εἶναι)'과 관련하여 반드시 고려해야 할 바는, 더 이상 '공간적인 의미'가 아니라는 것이다. 다시 말해 '하나'와 '영혼'의 관계는 시공간적인 차원을 넘어서, 곧 존재론적으로 살펴야 한다는 것이요, 이는 우리 영혼이 어떻게 '하나'와의 만남(접촉)이 그 어디서든 가능한지를 해명하는 단서가 된다.

31) 더 자세한 사유활동은 뒤의 '정신' 개념 참조.

32) 참고. Enn. III 3, 6.28: "συνάκει τὰ πάντα ἀναλογία(유비는 모든

것들을 서로 엮는다)."

33) "모든 존재하는 것들의 원천, 곧 선善의 세계"에 들어서고자 한다면, "감각적인 사물로부터 벗어나야 하며", 차라리 "자신의 이성을 신뢰하되", 이성이 제시하는 바를 "깨어 받아들여야" 하는데, 곧 "크기($\mu \acute{\varepsilon} \gamma \varepsilon \theta o \varsigma$), 형태($\sigma \chi \tilde{\eta} \mu \alpha$) 및 양($\breve{o} \gamma \kappa o \nu$)에 대해 거리를 두어야 한다." 그리하여 이성 안에서 마침내 "그 앞에 존재하는 것($\tau \grave{\alpha} \pi \rho \grave{o} \alpha \grave{\upsilon} \tau o \tilde{\upsilon}$)을 주목해야' 한다. 그 까닭은 '하나가 감각은 물론 인간 이성에 비해서도 '훨씬 더 순수하고 원천적'이기 때문이다.(Enn. VI 9, 3.15~37)

34) 이에 대하여 특히 M. Hossenfelder, *Die Philosophie der Antike 3: Stoa, Epikureismus und Skepsis* (Geschichte der Philosophie Bd. III), München 1985, pp.161~163을 참조할 수 있다.

35) "지금까지 회의주의자들의 목적이란 신념에 근거하는 사물들 곁에서는 부동심(Ataraxia)이요, 그리고 [비자발적으로] 겪는 사물들 곁에서는 중립감정(Metriopathy)이다."(PH I 25)

36) M. Hossenfelder, *op. cit.*, 172.

37) Nemeisus, *De natura hominis II* [= Die Fragmente zur Dialektik der Stoiker, Bd. 2 (Hg. v. Karlheinz Hüsler), Stuttgart 1987, 455]: "Demokrit, Epikur und die ganze Versammlung der stoischen Philosophen behaupten, die Seele sei ein Körper". 아우렐리우스 황제 역시 인간의 죽음을 가리켜 '인간을 구성하는 합성물의 분해'로 이해함으로써 인간의 영혼은 사후에 자연세계를 두루 떠돈다고 보았으며(참회록 II 17), 스토아 학파의 제2대 지도자 클레안테스Cleanthes는 "영혼은 육체적인 존재에게서만 벌어지는 감정을 통하여 [다시금] 육체에 영향을 주는 까닭에, 영혼 역시 일종의 육체"라고 했다(Tertullianus, *De anima* 5,5: "Anima [est] corpus ex corporalium passionum communione"). 에피쿠로스 역시 그와 다르지 않게 보았으니, "영혼은 정교하게 구성된 육체의 일부로서 전신에 산재해 있다"고 가르쳤다.(Diogenes Laertius, X 63) 그러므로 죽음은 그에 대해 인간이 – 영혼의 부재로 – 더 이상 느낄 수 없는 것인 만큼 무의미하다는 결론에 이르게 된다.(위의 책 X 139)

38) 이 짧은 작품은 플로티노스의 핵심 사상 전반('하나'-정신-영혼 및 세상)을 일별할 수 있게 해주기 때문에 조금 길게 실었

다. 덧붙여 이 작품 속에 소개된 '혼'의 다양한 존재양식(식혼 植魂, 각혼覺魂 그리고 영혼靈魂)은 이미 아리스토텔레스의 De anima로부터 영향을 받았음을 엿볼 수 있다.
39) 참고. "자발성(자유행위)을 가리켜 우리는 우리가 〔스스로〕 생각하는 것 너머의 그 어떤 폭력(강요)에 의거하지 않는 모든 것이라 말한다. 그것은 과연 실제 우리가 손수 내리는 결정이다."(Enn. VI 8, 4.33ff.)
40) 지운智雲, 『찻잔 속에 달이 뜨네』, 법공양, 2001.
41) "존재를 원하라(ἐφετὸν τὸ εἶναι)!"( Enn. VI 6, 8.15.) - 존재하는 것들 곁에는 한결같이 (온전한 의미의 존재를 위한) 원의願意가 본래 자리한다고 이해한 플로티노스가 힘주어 권고한 사항이다. 독일어로 눈여겨 바라본다는 뜻을 지닌 예의주시(관찰, Be-trachtung)의 어근이 원의(Trachten)를 함의한다는 사실은 그저 우연일까? 오히려 '존재가 눈을 떼지 못할 만큼 애타게 바라보는 것'이 참다운 앎의 시작이요, 그 구심점임을 가리킬 뿐만 아니라 어쩌면 존재하는 모든 것의 궁극적인 목적, 곧 '원천적인 존재와 하나-됨'에 있다는 사실을 말하는 것이 아닐까?
42) 대표적인 경우를 우리는 쿠사누스의 De non-aliud (제23장) 안에서 확인할 수 있다. "시각은 비록 알아보는 어떤 것(대상) 안에서 자신을 되새겨볼 수 있겠지만, 자기 자신을 알아보지는 못합니다. 다른 한편 시각들의 시각이 다른 것(들) 안에서 자신을 확인하는 것으로서는 탐탁치 않습니다. 왜냐하면 그것은 다른 것에 앞서 있기 때문입니다. 그러므로 다른 것(들)에 앞서 인식하기 위해서는, 차라리 '알아봄' 자체 안에 '보는 자', '보이는 것(대상)' 그리고 '그 둘로부터 출현하는 알아보는 행위'가 서로 다름없이(=하나로) 존재해야 한다고 봅니다. 이로부터 신에게 theor[e]ο(θεωρέω: 내가 보다)라는 그리스어 동사에서 비롯한 theos(θεός: 알아봄)가 명명되었다고 이해하며, 이때의 '알아봄'은 다름에 앞서 있는 점에서 우리는 [신의 알아보심을 그 자체 안에서] 세 겹으로 해독하는 과정 말고는 달리 완전하게 이해할 수 없을 것입니다. [또한] 달리 무한하고 끝없으신 그분을 [삼라만상 가운데] 다른 어떤 것 안에서 알아보는 것은 결국 다른 것으로부터 '다른 것이 아닌 것'을

알아보는 것에 불과하다고 봅니다."(중략)

43) 참고. Enn. IV 3, 25.13~17: "신에게 '존재'니 '정신'이니 하고 말할 때, 그 어떤 [지나간 것에 대한] 기억도 덧붙여 말해서는 안 된다. 왜냐하면 그의 존재나 정신에는 새로운 것이란 아무 것도 없기 때문이다. 더욱이 시간이 아니라 영원이 그의 존재를 휘돌기 때문이다. 그에게는 '이전의 것'도 '이후의 것'도 없이, 다만 '항상'이 있을 뿐이다. 마치 '복됨' 자체가 그러하듯이 말이다. 변화란 그에게 결코 자리하지 않는다."

44) 전우익, 『혼자만 잘 살믄 무슨 재민겨』, 현암사, 1993, pp.123~124.

45) 서산(대사), 법정 옮김, 『선가귀감禪家龜鑑(깨달음의 거울)』, 동쪽나라, 2003, p.173.

46) 참고. Enn. I 8, 2.23~26: "영혼이 '정신'을 맴돌며 춤을 추는 동안, 영혼은 그를 바라보는데, 그렇듯 영혼이 자신의 내면을 바라보는 가운데 그 정신을 통하여 신을 만나게 된다. 물론 이것은 신들의 삶을 가리키며, 그 어떤 시달림도 불행도 없는 삶으로서 거기에는 나쁜 것이 하나도 자리하지 않는다. 만일 거기에 안주하기를 원한다면, 어찌 나쁜 것이 자리하겠는가!"

47) 참고. Enn. IV 4, 16.19f.: "단순한 차례차례(시간 과정)란 거기 정신세계 안에서는 발견되지 않는다. 거기에는 오히려 모든 것이 동시에 벌어지기 때문이다."

48) 플로티노스의 자유분방한 성격은 자신의 지병인 풍風을 자연스럽게 치료하는 뜻밖의 결과까지 낳았다고 한다. 포르피리오스가 사흘 동안 '영혼과 육체와의 결합'에 관한 문제를 놓고 강의했던 플로티노스의 토론에 대한 열성을 전해준다.(*Vita Plotini* §40-41, §69 참조.)

# 참고문헌

## 1차 문헌

*Plotins Schriften,* neuarb. mit griech. Lesetext u. Anm., Bde. I u. Vc [=Porphyrios, *Vita Plotini*(플로티노스의 생애)] von R. Harder; Bde. II, III, IV, Va-b von Rudolf Beutler u. Willy Theiler; Bd. VI [Indices] von W. Theiler u. G. O'Daly, 1956~1971.

## 2차 문헌

A. Fidora / A. Niederberger(Hg.), *Vom Einen zum Vielen, Texte des Neoplatonismus im 12. Jahrhundert,* 2002.

C. J. Whitby, *The Wisdom of Plotinus,* 1919.

F. Heinemann, *Plotin. Forschung über die Plotinische Frage,* [Nachdr. Aalen, 1973]

F. P. Hager, "Selbsterkenntnis", in: J. Ritter / K. Gründer(Hg.), *Historisches Wörterbuch der Philosophie*(Bd. 9), 1995, 406~413.

Friedo Ricken, 김성진 옮김, 『고대 그리스 철학』, 서광사, 2000.

J. Hirschberger, 『서양철학사 상권』, 이문, 1983.

M. Hossenfelder, *Die Philosophie der Antike 3: Stoa, Epikureismus und Skepsis*(Geschichte der Philosophie Bd. III), 1985.

Susanne Möbuß, *Plotin. zur Einführung,* 2000.

Thomas F. O'Meara, 이재룡 옮김, 『신학자 토마스 아퀴나스』, 가톨릭출판사, 2002.

서산(대사), 법정 옮김, 『선가귀감禪家龜鑑(깨달음의 거울)』, 동쪽나라, 2003.

성염 편저, 『피코 델라 미란돌라(인간 존엄성에 관한 연설)』, 철학과 현실사, 1996.

소광희, 『하이데거 존재와 시간 강의』, 문예출판사, 2004.

이황, 이광호 옮김, 『성학십도』, 홍익출판사, 2001.

전광식, 『신플라톤주의의 역사』, 서광사, 2002.

전우익, 『혼자만 잘살믄 무슨 재민겨』, 현암사, 1993.

정채봉, 『날고 있는 새는 걱정할 틈이 없다』, 샘터, 2004,

지운, 『찻잔 속에 달이 뜨네』, 법공양, 2001.

한형조 외 다수, 『남명 조식』, 청계, 2002.

## 플로티노스 그리스 철학을 기독교에 전달한 사상가

| 펴낸날 | 초판 1쇄 2006년 11월 30일 |
| --- | --- |
|  | 초판 3쇄 2018년 9월 28일 |

| 지은이 | 조규홍 |
| --- | --- |
| 펴낸이 | 심만수 |
| 펴낸곳 | (주)살림출판사 |
| 출판등록 | 1989년 11월 1일 제9-210호 |

| 주소 | 경기도 파주시 광인사길 30 |
| --- | --- |
| 전화 | 031-955-1350  팩스 031-624-1356 |
| 홈페이지 | http://www.sallimbooks.com |
| 이메일 | book@sallimbooks.com |

| ISBN | 978-89-522-0583-4  04080 |
| --- | --- |
|  | 978-89-522-0096-9  04080(세트) |

※ 값은 뒤표지에 있습니다.
※ 잘못 만들어진 책은 구입하신 서점에서 바꾸어 드립니다.

# 함께 읽으면 좋은 책
## 종교·신화·인류학

### 384 삼위일체론
eBook

유해무(고려신학대학교 교수)

기독교에서 믿는 하나님은 어떤 존재일까? 성부 하나님과 성자 예수, 그리고 성령이 계시며, 이분들이 한 하나님임을 이야기하는 삼위일체론은 기독교 교회가 믿고 고백하는 핵심 교리다. 신구약 성경에 이 교리가 어떻게 나타나 있으며, 초기 기독교 교회의 예배와 의식에서 어떻게 구현되었고, 2천 년 동안의 교회 역사를 통해 어떤 도전과 변화를 겪으며 정식화되었는지를 일목요연하게 정리했다.

### 315 달마와 그 제자들
eBook

우봉규(소설가)

동아시아 불교의 특징은 선(禪)이다. 그리고 선 전통의 터를 닦은 이가 달마와 그에서 이어지는 여섯 조사들이다. 이 책은 달마, 혜가, 승찬, 도신, 홍인, 혜능으로 이어지는 선승들의 이야기를 통해 선불교의 기본사상을 이해하도록 돕는다.

### 041 한국교회의 역사
eBook

서정민(연세대 신학과 교수)

국내 전체인구의 25%를 점하고 있는 기독교. 하지만 우리는 한국 기독교의 역사에 대해서 너무나 무지하다. 이 책은 한국에 기독교가 처음 소개되던 당시의 수용과 갈등의 역사, 일제의 점령과 3·1운동 그리고 6·25 전쟁 등 굵직굵직한 한국사에서의 기독교의 역할과 저항, 한국 기독교가 분열되고 성장해 왔던 과정 등을 소개한다.

### 067 현대 신학 이야기
eBook

박만(부산장신대 신학과 교수)

이 책은 현대 신학의 대표적인 학자들과 최근의 신학계의 흐름을 해설한다. 20세기 전반기의 대표적인 신학자인 칼 바르트와 폴 틸리히, 디트리히 본회퍼, 그리고 현대 신학의 중요한 흐름인 해방신학과 과정신학 및 생태계 신학 등이 지닌 의미와 한계가 무엇인지를 친절하게 소개하고 있다.

# 종교·신화·인류학

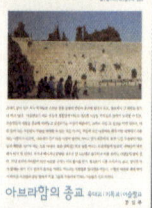

## 099 아브라함의 종교 유대교|기독교|이슬람교  eBook

공일주(요르단대 현대언어과 교수)

이 책은 유대교, 이슬람교, 기독교가 아브라함이라는 동일한 뿌리에서 갈라져 나왔다는 점에 주목한다. 저자는 이를 추적함으로써 각각의 종교를 그리고 그 종교에서 나온 정치적, 역사적 흐름을 설명한다. 이스라엘과 팔레스타인으로 대변되는 다툼의 중심에는 신이 아브라함에게 그 땅을 주겠다는 약속이 있음을 명쾌하게 밝히고 있다.

## 221 종교개혁 이야기  eBook

이성덕(배재대 복지신학과 교수)

종교개혁은 단지 교회사적인 사건이 아닌, 유럽의 종교·사회·정치적 지형도를 바꾸어 놓은 사건이다. 이 책은 16세기 극렬한 투쟁 속에서 생겨난 개신교와 로마 카톨릭 간의 분열을 그 당시 치열한 삶을 살았던 개혁가들의 투쟁을 통해 보여 주고 있다. 마르틴 루터, 츠빙글리, 칼빈으로 이어지는 종파적 대립과 종교전쟁의 역사들이 한 편의 소설처럼 펼쳐진다.

## 263 기독교의 교파

남병두(침례신학대학교 교수)

하나의 교회가 역사적으로 어떻게 다양한 교파로 발전해왔는지를 한눈에 보여주는 책. 교회의 시작과 이단의 출현, 신앙 논쟁과 이를 둘러싼 갈등 등이 파노라마처럼 펼쳐진다. 사도행전에 나타난 교회의 시작과 이단의 출현에서부터 초기 교회의 분열, 로마가톨릭과 동방정교회의 분열, 16세기 종교개혁을 지나 18세기의 감리교와 성결운동까지 두루 살펴본다.

## 386 금강경

곽철환(동국대 인도철학과 졸업)

『금강경』은 대한불교조계종이 근본 경전으로 삼는 소의경전(所依經典)이다. 『금강경』의 핵심은 지혜의 완성이다. 즉 마음에 각인된 고착 관념이 허물어져 어디에도 집착하지 않는 상태를 말한다. 이 책은 구마라집의 『금강반야바라밀경』을 저본으로 삼아 해설했으며, 기존 번역의 문제점까지 일일이 지적해 독자들의 이해를 돕고자 했다.

## 종교·신화·인류학

### 013 인도신화의 계보　　eBook

류경희(서울대 강사)

살아 있는 신화의 보고인 인도 신들의 계보와 특성, 신화 속에 담긴 사상과 가치관, 인도인의 세계관을 쉽게 설명한 책. 우주와 인간의 관계에 대한 일원론적 이해, 우주와 인간 삶의 순환적 시간관, 사회와 우주의 유기적 질서체계를 유지하려는 경향과 생태주의적 삶의 태도 등이 소개된다.

---

### 309 인도 불교사 붓다에서 암베드카르까지　　eBook

김미숙(동국대 강사)

가우타마 붓다와 그로부터 시작된 인도 불교의 역사를 흥미롭고도 일목요연하게 정리한 책. 붓다가 출가해서, 그를 따르는 무리들이 생겨나고, 붓다가 생애를 마친 후 그 말씀을 보존하기 위해 경전을 만드는 등의 이야기들이 한눈에 들어온다. 또한 최근 인도에서 다시 불고 있는 불교의 바람에 대해 소개한다.

---

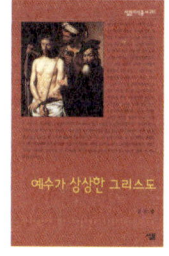

### 281 예수가 상상한 그리스도

김호경(서울장신대학교 교수)

예수가 그리스도라는 것은 어떤 의미인가? 이 책은 신앙적 고백과 백과사전적 지식 사이에서 현재 예수 그리스도가 가진 의미를 묻고 있다. 저자는 이러한 문제의식을 바탕으로 예수가 보여준 질서와 가치가 우리와 얼마나 다른지, 그를 따르는 것이 왜 우리에게 익숙하지 않은 일인지를 보여주고 있다.

---

### 346 왜 그 음식은 먹지 않을까　　eBook

정한진(창원전문대 식품조리과 교수)

세계에는 수많은 금기음식들이 있다. 유대인과 이슬람교도들은 돼지고기를 먹지 않고, 힌두교도의 대부분은 소고기를 먹지 않는다. 개고기 식용에 관해서도 말들이 많다. 그들은 왜 그 음식들을 먹지 않는 것일까? 음식 금기 현상에 접근하는 다양한 방식을 통해 그 유래와 문화적 배경을 살펴보자.

# 종교 · 신화 · 인류학

eBook 표시가 되어있는 도서는 전자책으로 구매가 가능합니다.

011 위대한 어머니 여신 | 장영란 eBook
012 변신이야기 | 김선자
013 인도신화의 계보 | 류경희 eBook
014 축제인류학 | 류정아 eBook
029 성스러움과 폭력 | 류성민 eBook
030 성상 파괴주의와 성상 옹호주의 | 진형준 eBook
031 UFO학 | 성시정 eBook
040 M. 엘리아데 | 정진홍 eBook
041 한국교회의 역사 | 서정민 eBook
042 야웨와 바알 | 김남일 eBook
066 수도원의 역사 | 최형걸 eBook
067 현대 신학 이야기 | 박만 eBook
068 요가 | 류경희 eBook
099 아브라함의 종교 | 공일주 eBook
141 말리노프스키의 문화인류학 | 김용환
218 고대 근동의 신화와 종교 | 강성열 eBook
219 신비주의 | 금인숙 eBook
221 종교개혁 이야기 | 이성덕 eBook
257 불교의 선악론 | 안옥선
263 기독교의 교파 | 남병두

264 플로티노스 | 조규홍
265 아우구스티누스 | 박경숙
266 안셀무스 | 김영철
267 중국 종교의 역사 | 박종우
268 인도의 신화와 종교 | 정광흠
280 모건의 가족 인류학 | 김용환
281 예수가 상상한 그리스도 | 김호경
309 인도 불교사 | 김미숙 eBook
310 아힌사 | 이정호
311 인도의 경전들 | 이재숙 eBook
315 달마와 그 제자들 | 우봉규 eBook
316 화두와 좌선 | 김호귀 eBook
327 원효 | 김원명
346 왜 그 음식은 먹지 않을까 | 정한진
377 바울 | 김호경 eBook
383 페르시아의 종교 | 유흥태
384 삼위일체론 | 유해무 eBook
386 금강경 | 곽철환
452 경허와 그 제자들 | 우봉규 eBook
500 결혼 | 남정욱 eBook

(주)살림출판사
www.sallimbooks.com
주소 경기도 파주시 문발동 522-1 | 전화 031-955-1350 | 팩스 031-955-1355